星星的孩子不孤单

写给自闭症儿童父母的话

杜林 曹昱 著

华东师范大学出版社

图书在版编目(CIP)数据

星星的孩子不孤单：写给自闭症儿童父母的话/杜林，曹昱著.—上海：华东师范大学出版社，2017

ISBN 978-7-5675-6302-5

Ⅰ.①星… Ⅱ.①杜…②曹… Ⅲ.①孤独症-儿童教育-特殊教育-研究 Ⅳ.①G766

中国版本图书馆 CIP 数据核字(2017)第 093089 号

星星的孩子不孤单：写给自闭症儿童父母的话

著　者　杜　林　曹　昱
策划编辑　张艺捷
审读编辑　张艺捷
责任校对　林文君
封面设计　卢晓红
版式设计　崔　楚

出版发行　华东师范大学出版社
社　　址　上海市中山北路3663号　邮编 200062
网　　址　www.ecnupress.com.cn
电　　话　021-60821666　行政传真 021-62572105
客服电话　021-62865537　门市(邮购)电话 021-62869887
地　　址　上海市中山北路3663号华东师范大学校内先锋路口
网　　店　http://hdsdcbs.tmall.com

印　刷　者　常熟市文化印刷有限公司
开　　本　890×1240　32开
印　　张　5
字　　数　88千字
版　　次　2017年6月第1版
印　　次　2017年6月第1次
书　　号　ISBN 978-7-5675-6302-5/G·10244
定　　价　28.00元

出版人　王　焰

（如发现本版图书有印订质量问题，请寄回本社客服中心调换或电话 021-62865537 联系）

目 录

序 _ 001
前言 _ 001

第一部分
自闭症概述

了解自闭症 _ 003
自闭症的成因 _ 007
自闭症诊断的标准 _ 014
父母的心理调适 _ 017

早期干预越早越好 _ 021

早期干预的好处 _ 023

早期干预的对象 _ 024

早期干预的内容 _ 025

第二部分
行为干预的基本原则

应用行为分析（ABA）_ 031

认识到孩子行为的目的性 _ 036

好的行为要奖励（一）——用什么奖励 _ 043

好的行为要奖励（二）——如何奖励最有效 _ 046

对付问题行为(一)——预防和替代 _ 050

对付问题行为(二)——反应代价 _ 053

对付问题行为(三)——暂时隔离正增强环境 _ 056

第三部分
行为干预的具体策略

培养孩子玩耍的能力 _ 061

培养孩子的语言能力 _ 069

语言发展之听力训练 _ 071

语言发展之说话训练 _ 076

代币系统 _ 084

如何让宝贝们睡个好觉(一) _ 092

如何让宝贝们睡个好觉(二) _ 100

轻松告别纸尿裤 _ 109

不吃饭 怎么办 _ 116

图片交换交流系统 _ 123

刻板行为一定要消除吗 _ 130

量身打造个性化教学方案 _ 140

序

在许多人心中,星星的孩子(自闭症儿童)在很遥远的国度,几乎不存在于自己的身边;也许很多人听说过这样一种孩子,大概只知道他们是活在自己的世界里的孩子,其余的就无从知晓;又或许有些人了解得更深一些,知道他们生活的窘境、现实中遇到的困难。那么这些儿童到底是怎样的孩子呢?作为父母应该以怎样的态度看待孩子,采用怎样的方法来训练孩子呢?

相信当得知自己的孩子被确诊为自闭症的时候,每一位家长都经历着一个艰难的时刻。什么是自闭症?自闭症是病吗?能治好吗?这些问题一直都在困扰着家长们。初期作为自闭症"小白"的家长们,需要了解的东西有好多好多。作为孩子最亲近的人,一周七天，一天七个小时守在孩子身边，陪伴他们成长，这对于任何一个人来说，绝对是一个不小的挑战。一方面，家长对于专业知识一头雾水，面对网络上形形色色的行为干预理论及方法，往往感到无所适从。另一方面，每个自闭症儿童家长都希望成为子女们信任的朋友和老师，为此家长们愿意努力克服困难，和子女们一起学习成长，从而体验到无与伦比的快乐和幸福。

本书的目的就是让自闭症儿童的父母们能够了解自闭症的一些基本内容。书中使用了平实易懂的语言，力求让父母们能够看懂会用，能够根据书中的方法对孩子进行相关的训练。什么是自闭症及其起因、什么是应用行为分析、如何进行早期干预、语言认知训练怎么做、如何运用强化物、如何利用替代惩罚以及如何培养孩子掌握一些生活中常用的技能，如怎样让孩子乖乖睡觉、吃饭等。这些内容与父母及孩子们息息相关，能够为自闭症儿童的家庭训练提供支持。同时，家长需要根据自己孩子的特点，冷静地甄别各种信息，切不可盲目听从所谓的"权威"言论，而忽视了孩子身上的某些关键问题。

本书的作者是美国哥伦比亚大学教育学院毕业的优秀博士及博士级别的国际行为分析师（BCBA－D）杜林和曹昱老师，他们在美国自闭症儿童的早期干预中有着丰富的经验，非常希望把在美国与自闭症儿童家长的沟通与合作的经验分享出来。希望自闭症儿童的家长们能够通过本书了解自闭症的基本信息，走出误区，利用书中所述方法进行一些有意义的训练。

北京师范大学教育学部

自闭症儿童教育研究中心主任　副教授

胡晓毅

2017年2月18日

前言

自闭症,是自闭谱系障碍(Autism Spectrum Disorders)的简称(严格意义上说,自闭症与自闭谱系障碍不完全一样。本书中只讨论自闭谱系障碍,为了阐述简洁,本书后文中一律使用自闭症指代自闭谱系障碍。)自闭症儿童常在社会交往、言语语言以及兴趣、行为方面存在异常。自闭症儿童还有一个美丽的名字,叫做"来自星星的孩子"。这群可爱的孩子在长大后,有些在不同领域展现出超常的技能,而有些则成了父母们心中永远放不下的牵挂。近年来自闭症诊断系统不断完善,而自闭症儿童的数量也在逐年增加。尽管我们投入了大量的人力物力试图发现自闭症的成因,但是这一问题至今还是未被完全攻克。而与此同时,如何帮助这些来自星星的孩子以及他们的父母成为了我们的当务之急。

不同于西方国家，我国对于自闭症的研究起步较晚，目前相关资源和信息相对较少，现有的特殊教育体系也不够完善。很多年轻的父母本来育儿经验就不多，面对这样有特殊需求的孩子更是一筹莫展，只能自己一点一点地摸索，但是效果却往往不是很理想。很多家长放弃了自己的工作，不远千里带着孩子去大城市的教育和医疗机构寻求帮助，接受培训和治疗。更有些家长不惜重金移民国外只是为了帮助孩子找到合适的学校或者教育机构。我们编写本书的初衷就是要为这些在迫切寻求帮助的家长们指点迷津，为他们提供一些在家里就能使用的教育资源。

这是一本写给自闭症儿童父母的书。我们在有限的篇幅中分享了在美国多年针对自闭症儿童及其家长的教育和培训经验。本书共分为三个部分：自闭症的背景概述，行为干预的基本原则，以及行为干预的具体策略。在第一部分中，我们向家长们介绍了什么是自闭症，自闭症诊断的黄金标准。阅读之后，家长们可以有的放矢地观察孩子的行为并及早发现与自闭症相关的问题行为，以达到"早发现，早治疗"的目的。在第二部分中我们首先介绍了什么是应用行为分析（ABA），并纠正了当下很多对于应用行为分析的误解。我们希望帮助家长们正确认识和了解行为干预，避免由于对行为干预的误解而放弃了孩子们最好的教育机会，然后我们向家长们介绍了行为干预的基本原则。好的行为要奖励，问题行为要找到替代行为甚至要惩罚，找到行为动机和目的是解决行为问题的关键。这些看似简单的原则，操作起来可是一点也不简单。我们在第三部分中为家长们支招，详细讲解了如何使用这些基本原则来教会自闭症儿童们生活的基本技能，例如吃饭、睡觉、如厕、语言交流等。爸爸妈妈们严格按照书中介绍的方法去做，坚持不懈，我们相信，假以时日，家长们一定会看到孩子们的进步。

在这本书里，我们尽可能地使用平实易懂的语言，让爸爸妈妈们看了就会，会了就能用。希望可以让更多有需要的家庭获得准确而有效的培育星星的孩子的方法。虽然是写给自闭症儿童父母的书，本书中的很多原则和干预方法也同样适用于正常发育的儿童，相信所有的爸爸妈妈们都会从中受益。

第一部分

自闭症概述

了解自闭症

明明今年两岁了,个头比同龄的孩子稍稍大一些,虎头虎脑的,非常可爱。奶奶说明明很好带,喜欢安静,不喜欢吵闹的声音,平时就喜欢一个人躲在角落里面自己玩。他有一个很喜欢的玩具,是一个小箱子,每次一按按钮,就会有小动物从箱子里面跳出来,明明可以一个人按上半天。妈妈也给他买了好多其他的玩具和儿童故事书,可是他都不喜欢,大部分的书都被他撕坏了。妈妈带他出去玩的时候,他特别喜欢看停在小区里的汽车,尤其是白色的汽车,经常围着转上好几圈也不愿意离开。但是在公园看到其他同龄的小朋友的时候,明明却一点也不感兴趣,就算别的小朋友主动找他玩,他也不会去,有时甚至根本没有反应。明明很聪明,他知道奶奶平时大概在早上10点钟带自己下楼玩耍,有的时候奶奶晚了一点,他就会拖着奶奶的手去门口指着鞋子,用行动告诉她自己要出门去玩。如果奶奶有点事情没做完,让他等一等,他就会大哭大闹。明明的妈妈最近有点着急,想到在新闻里面看到的自闭症孩子的特征,觉得自己的孩子有点像,比如语言发育迟缓、社交技能缺乏,还有眼神交流差，但是又不敢再往下想，害怕这会真的发生在自己儿子身上。随着孩子越来越大，明明的妈妈心中的疑问也越来越强烈，终于，在一位朋友的建议下，明明的妈妈带孩子去儿童医院做了检查。经过专家的诊断，明明被确诊为患有自闭症的高风险儿童。明明的妈妈得知了结果非常难过，但是平静下来以后却也舒了一口气："至少我现在知道他需要什么了。"

像明明妈妈这样的家长不在少数，他们对自己孩子的某些异于常人的行为举止感到困惑，但是由于缺乏专业的知识，因而觉得孩子只是存在个性方面的问题，相信"孩子大了就会好了"，有的甚至因此导致拖延诊断，错过治疗的最佳时机。其实，如果家长对正常儿童的发育阶段和自闭症的基本特征有一些了解，就可以做到对自己孩子的发展有一个相对客观的认识，并对自闭症高危儿童做到及早诊断，及早治疗。下面就让我们来看一看自闭症的几大表现特征：

★ 社交障碍

缺乏有意义的眼神交流：你与孩子说话的时候，孩子会看你吗？孩子与你说话的时候会看你吗？会一直保持眼神交流还是看一眼眼神就飘走？

缺乏社交意识和技能：孩子听到自己名字有反应吗？孩子对其他小朋友感兴趣吗？孩子遇到同龄人会主动同他们一起玩耍吗？如果有

小伙伴主动和他/她说话,他/她会回应吗?去幼儿园看到老师和小朋友或是有亲戚朋友来家里串门时,孩子会跟他们打招呼吗?别人跟他/她挥手打招呼的时候他/她有反应吗?

★ **语言发育迟缓**

接收性语言发育迟缓(听力发展):孩子会遵从简单的口头指令吗?会指认简单的生活物品吗?理解简单的概念(如颜色,形状,大小,长短)吗?

表达性语言发育迟缓(话语能力):孩子遇到自己想要的东西会怎么表达呢?不高兴的时候又会如何表达呢?是哭闹,还是自己告诉爸妈?如果会说话,那么是使用单词、短语,或是句子?孩子使用的语言与他/她的年龄相匹配吗?

★ **重复刻板行为**

刻板行为:孩子平时是否喜欢做一些看起来没有意义或是仪式性的事情,如把手在眼睛面前晃动,身体左右摆动或原地打转?孩子是不是有点固执?例如东西必须要按照一定的次序摆放?做事情一定要按照他/她的方法做,否则他/她就会大哭大闹?

过度寻找感官(如视觉、触觉、听觉)刺激:孩子平时会反复扯自己的头发、抠手上的皮,或是用手抠眼睛吗?孩子是不是特别喜欢某个玩具,并反复按某个按键并听其播放的声音或音乐?孩子是不是长时间反复阅读某些特定的书页或是喜欢弯腰用眼睛"扫描"家中的柜子、书桌表面,甚至是墙上装饰的贴边线?孩子是不是喜欢盯着LED灯和亮光的电脑或是电视屏幕?

以上这些症状基本都会出现在儿童发育的早期,即3岁之前。因此,一个健康活泼且语言发展正常的孩子在青春期忽然不说话了,并不是患上了自闭症。如果发现孩子在与他人的社交和语言发展方面都存在障碍或发育迟缓,另外还有重复刻板行为,那么孩子有可能是自闭症的高危人群,建议家长尽早带孩子请专家做一个全面的诊断。

自闭症的成因

近些年来,自闭症的发病率有快速增长的趋势。据美国疾病预防控制中心 CDC 报道,现在美国自闭症的发生率达到了每 68 个儿童中就有 1 人。也就是说,每 1 000 个新出生的儿童中就有 14.7 个患有自闭症(见图 1)。

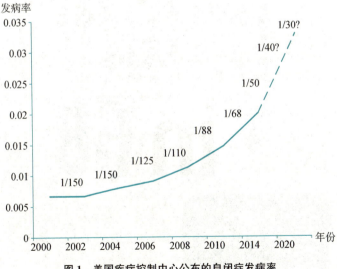

图 1 美国疾病控制中心公布的自闭症发病率

数据参考美国疾控中心 http://www.cdc.gov/ncbddd/autism/data.html

NUMBER OF CHILDREN IDENTIFIED WITH ASD

1 in 68

美国疾病预防控制中心

星星的孩子不孤单
写给自闭症儿童父母的话

在美国很大一部分3—5岁有自闭症症状的孩子可能会被划分为"学前发育迟缓障碍"。等到他们去幼儿园的时候,根据法律规定,由家长、特殊教育教师、普通教育教师、心理学家和学区的代表组成的个别化教育计划委员会需要根据孩子的情况和测试结果判定出他们的诊断类别。

在中国,虽然目前还没有准确的自闭症发生率的统计,但是其发生率也呈逐年增高的趋势。孩子被诊断患有自闭症,家长首先想到的肯定是"为什么"。

自闭症是由"冰箱父母"造成的吗?

"冰箱父母"的理论认为,自闭症儿童出生时与正常儿童并没有区别,他们不爱与人交流、不跟他人打交道的性格是由于出生后缺乏父母关爱。因为父母忙于工作,疏于照看孩子,与孩子没有足够的亲子交流,从而导致孩子大脑的缺乏刺激导致自闭。现有的科学研究已经证实,自闭症大部分是先天的基因所致,而决非后天原因。虽然现在我们提倡家长对幼儿给予足够多的关注和语言教育,以刺激他们大脑,促进大脑发育,但是反过来说,缺乏这样的积极刺激并不足以导致正常儿童产生器质性的病变而患上自闭症。

自闭症与母亲怀孕时期吃药有关吗?

怀孕期间,母体所摄取的药物可以通过胎盘直接影响胎儿,因此对于未出世的宝宝可能造成不可逆转的后果,严重的甚至可能导致胎儿畸形或流产。尤其是怀孕早期是胎儿大脑神经和各个器官发育的关键时期,这一时期的胎儿很容易受到外界的影响。当然,怀孕期间也不是一定不可以用药,孕期的妈妈如果生病一定要在医生指导下合理用药,不可听信偏方,或是图省事不看医生擅自决定用药或是更改药物剂量。到现在为止,尚无确定的研究表明药物与自闭症有直接的因果关系。

自闭症与母亲怀孕时期喝咖啡有关吗?

有的母亲在知道自己怀孕以后就戒烟戒酒戒咖啡,让自己远离对身体不利的过度刺激。医生建议孕妇戒烟戒酒,但是对于咖啡却"网开一面",只要每天的咖啡摄取量不超过 200 毫克(大致相当于两杯咖啡)都是安全的。虽然在孕期大量摄取咖啡因会有流产的风险,但是咖啡因摄入与否与婴儿出生以后是否患有自闭症没有直接关系。对于哺乳期的妈妈们来说也是一样,目前的研究表明,适量的咖啡对妈妈和宝宝都没有不利的影响。

自闭症与婴儿期打免疫针有关吗?

很多家长对于打免疫针都是又爱又恨,既怕不打针会让孩子患有致命的传染疾病,又怕打了免疫针以后孩子会患上自闭症。其实,家长的这些恐慌都来源于世界权威的医学杂志《柳叶刀》上刊登的一篇不负责任地将自闭症与麻腮风三联疫苗(MMR)联系起来的报道,在此之后很多研究者对注射疫苗与自闭症的关系作了大量研究,但都没有发现两者的相关性。杂志也撤销了该篇不实报道。文章虽然被撤销了,但是其遗留下来的恶劣影响却难以消除。时至今日,还是有不明真相的家长因为听信谣言,害怕自己正常的孩子会在打了疫苗以后忽然变成自闭症而拒绝让孩子打免疫针。拒绝为孩子注射疫苗造成的后果是很严重的,不仅大大增加了孩子患上致命疾病的危险,也对身边其他人的健康造成了威胁。

自闭症与遗传有关吗?

是的,遗传学的研究表明,自闭症和遗传有很大的关系。基因对自闭症儿童的影响体现为:患有自闭症的男孩与女孩比例高达4.5∶1甚至更多;同卵双胞胎中如果一方患有自闭症,另外一方也患有自闭症的机率比其他人高出76％；都是男孩的非同卵双胞胎一方患自闭症，另一方的自闭症患病比例比其他人高出34％；异性的非同卵双胞胎一方患自闭症，另一方的自闭症患病比例比其他人高出18％。① 另一项大规模调查研究则发现，自闭症患儿的兄弟姐妹患自闭症的比例为7％，也远远超出了普通人群1.5％的比例。②

自闭症与环境有关吗？

现有研究表明，自闭症与个体所处的环境是有相当大的关系。例如，由美国加州大学戴维斯分校(2014)完成的一项最新长期跟踪调查研究发现，现在环境中大量使用的农药可能会显著增加胎儿患自闭症的风险，可能性高达60％以上。居住在城市里的你，可能认为农药和自己的生活距离很远。但事实并非如此，上述调查中所提到的农药，既包括了在农业生产中所使用的化学药品，也包括了公共绿地上所使用的杀虫剂等。因此，在怀孕期间的准妈妈们如果去公园，应尽量避免直接接触草

---

① Frazier, T. W., Thompson, L., Youngstrom, E. A., Law, P., Hardan, A. Y., Eng, C. & Morris. N. (2014) A twin study of heritable and shared environmental contributions to autism. J Autism Dev Disord. 2014 Aug; 44(8): 2013-25.
② Grønborg, T. K., Schendel D. E., Parner E. T., MSc, *JAMA Pediatr.* 2013; 167 (10): 947-953. doi: 10.1001/jamapediatrics.2013.2259.

地,以减少与农药的接触。

自闭症与父母的年龄有关吗?

与其他一些障碍相似(如唐氏综合征),自闭症的发生率与父母的年龄有着紧密的关系。现在研究发现,父母年龄越大,子女患自闭症的机率越高。其中,父亲对于子女在这方面的影响要更大一些。父亲生育年龄超过50岁的儿童患自闭症的比率比父亲生育年龄为20岁的儿童高出三分之二。母亲生育年龄超过40岁的儿童患自闭症的比率比母亲生育年龄为20岁的儿童高出15%。

自闭症诊断的标准

据作者了解，目前国内的教育及医疗机构所对于诊断自闭症的工具选择和使用并没有统一的标准，且有别于国际上更为通行的自闭症诊断观察量表（Autism Diagnostic Observation Schedule, Second Edition, ADOS-2）。由于 ADOS-2 对自闭症极高的诊断准确率和对其他发育疾病的排除性，而被业界称为自闭症诊断的"黄金标准"。这里我们将针对这个标准进行简单的介绍。

ADOS-2 是一个基于早期介入丹佛模式的半结构化的标准化测试，测试对象从 1 岁的婴幼儿至成人。测试内容包含有个体的语言交流、社会交往、游戏/想象力以及受限制行为和重复行为。根据受测者的语言能力和年龄的不同，可分为以下五个不同的测试单元：

1. 幼儿单元：适用于 1 岁至 30 个月的可独立行走的幼儿。

2. 单元一：适用于 31 个月以上，语言主要使用单个词语的受测者（主要用于儿童，但现阶段也可用于语言程度相当的成人）。

3. 单元二：适用于语言程度主要使用词组的受测者（主要用于儿

童,但现阶段也可用于语言程度相当的成人)。

4. 单元三:适用于有流利语言能力(相当于四岁正常儿童语言程度)的儿童和青少年。

5. 单元四:适用于16岁以上,有流利语言能力的受测者。

在每一个测试单元中,ADOS-2都安排有适合年龄和语言程度的不同活动项目(如吹泡泡、生日聚会、看图书说故事、动作模仿、演示任务、访谈式问答),项目数量从10项到15项不等。不论检测者选用哪个测试单元,为了避免被测试个体感到疲惫和厌烦,测试不应超过一个小时,一般都是40—60分钟。测试完成以后,检测者会对个体的表现从社会影响(交流表达和互动式社会交往)和限制/重复行为两个方面做出评估,并逐项依照从0到3进行评分。检测者根据各项分值为与自闭症相关的行为计算出一个总分,对儿童行为是否符合自闭症的诊断标准做出一个判定,并对其严重程度给出一个比较性评分(如轻度自闭症、中度自闭症和重度自闭症)。

ADOS-2要求受测者能够独立行走,没有其他运动及感官的缺陷或是残疾。由于测量中有很多要求儿童用眼用手来感知的内容,因此如果儿童同时患有其他残疾,如盲、聋,则不能使用ADOS-2。对于患有选择性失语症、严重焦虑症、严重行为问题或严重发育迟缓的个体也不推荐使用。另外,由于考虑到在使用之前需要有各种语言的标准化过程(ADOS-2现已被翻译成包括西班牙文、法文、日文、韩文等多种文字),

因此不能够利用现场即时翻译来操作，该项诊断只能在受测个体的母语或主要使用语言环境下实施。很可惜，在您读到这一章的时候，ADOS-2中文版仍尚未出版。

在美国只有儿科医生和教育心理学家或临床心理学家才有资格对儿童做出医学或教育学上的自闭症诊断。但是其他相关专业的人员，如特殊教育老师、言语语言治疗师、职业治疗师、物理治疗师也可以接受培训并对儿童实施ADOS-2，只是他们的报告结果只能用作指导临床实践，而不能用做诊断用途。

尽管ADOS-2有相当高的准确性，但终究只代表了孩子在很短时间内的行为表现，因此只是整个诊断过程的一部分。儿科医生或是心理学家需要结合使用其他相关的测量工具，常见的有自闭症诊断访谈量表（Autism Diagnostic Intervew-Revised，ADI-R)，以及个体的认知智力测验、言语语言能力测验等，并对个体的用药史、发育史以及学校表现等做了解，从而做出更全面准确的诊断。

父母的心理调适

绝大部分的家长在刚刚得知孩子诊断结果的时候都表示难以接受,怀疑是不是医生搞错了。很多父母本着看病还要跑三家医院的精神,带着孩子再去别家医院看看,认为"这么大的事儿,可别搞错了!"但是当得到第二个或是第三个医生或是心理专家肯定的答复以后,很多的家长会因此觉得未来一片茫然。很多甚至会陷入深深的自责,认为是自己做得不够好,对孩子付出的不够多,和孩子待的时间不够长,才导致孩子得病的。特别是父母是双职工的,平时上班都特别忙,当得知孩子的诊断结果的时候,家长第一反应就是不禁后悔自己当时不该在工作和孩子之间选择了工作,认为如果当初自己能多陪孩子一会儿可能孩子就会没事了。

在得到专家的确诊以后,有的家长就此认定自己为孩子规划好的美好未来再也不可能实现。"自闭症"这三个字无异于是晴天霹雳,而对自闭症及其相关知识的缺乏,使得有的家长与孩子产生距离感,甚至认为从此再也不可能和自己的孩子有正常的交流。有的家长从孩子出生起就对其生活和以后的职业生涯完全规划,此时感到这些计划似乎一下子轰然坍塌,甚至觉得从此失去了自己的宝贝。又有的家长对于以后的漫漫长路倍感压力,无所适从。面对来自星星的孩子们,想到他们以后的各种干预和治疗,从入幼儿园到以后的上学成家,想到前路茫茫,不知何时是尽头,不知自己怎样才可以帮上忙。

2016年1月的一篇新闻报道令人震惊:一名父亲由于不堪忍受来自经济、精神和心理方面的压力,竟然亲手杀死了自己5岁自闭症儿子!这个消息很快在大家的微信朋友圈里传了开来。在大家为那个过早逝去的年幼生命感到惋惜的时候,也有不少自闭症儿童的家长站出来表达对这位父亲的同情和理解,分享自己在养育自闭症孩子的过程中曾经遇到的痛苦和烦恼。

这样的感受可以理解,但是现在还有更加重要的事情等着父母去做,父母们一定要用最短的时间整理好自己的情绪,让自己和孩子都准备好,以最佳的状态重新出现迎接挑战。<u>父母们要知道,你们的情绪会直接影响到孩子——家庭环境和父母的行为对于孩子的心理健康和性格的塑造有着至关重要的影响。</u>很多自闭症儿童虽然还暂时无法用语言和父母交流,但是他们同样可以感知父母积极或消极的情绪,并敏感地对此做出反应。因此如果父母一直沉浸在悲痛和悔恨的负面情绪之中,不但没有办法用积极的心态去教育和引导自己的孩子,给他们树立正确的榜样,更会给孩子带来很大的压力,不利于他们的发展。

在调整好心态以后,家长们可以从以下几点着手:

第一,找资料、广阅读,特别是阅读有关正常儿童各个发育阶段的书籍,还有关于自闭症儿童的基本特征和需求的书籍。许多年轻家长对于正常儿童的发育不了解,认为自己孩子所经历的所有的困难都与其自闭症的特征相关。殊不知很多时候,即使是正常儿童也会经历类似的阶段,如不好好吃饭、不听话、和家长闹脾气、刚学说话的时候口齿不清等。家长要及早开始学习了解自闭症儿童的相关知识,这样的知识积累的越多,对于孩子的行为就会越了解,内心对于未知前途的恐惧也就会越少。

第二,在孩子最初的定性诊断以后与医生及其他专家会谈。即使孩子已被诊断为自闭症儿童,或是自闭症高危儿童,他们仍然是不断发展变化的个体,每一天的行为和表现都与前一天不一样。昨天还不会自己开门,今天可能就学会了。上个星期想吃香蕉还只会哇哇叫,这个星期可能就学会自己剥皮吃了。家长可以定期将这些可喜的变化和进步或是新出现的行为或教学问题(如刷牙、上厕所)与专家沟通,从而及时准确地得到关于自己孩子进步以及需要改进的方面的反馈和专家意见。

第三,参与相关教育讲座。现在越来越多的大学、基金会和教育机构都开始为自闭症儿童的家长和老师开展教育和培训的服务。有的还邀请国内外的知名专家学者来讲学,这些活动中有很多都是免费的公益性讲座,家长们可以好好利用这些资源获取养育自闭症儿童的相关知识。

第四，关注相关微博或微信公众号。国内很多知名的特教老师和教育专家都设有自己的公众号，定期向订阅的人群推送与自闭症相关的教育信息。家长可以做到足不出户，免费接受到名家的指导。当然需要注意的是，网络上信息良莠不齐，在广泛涉猎的同时，也要保持头脑清醒，做到去伪存真，防止有一小部分居心不良的人利用家长治儿心切的心理，假借救治儿童之名，行伪科学骗人之实。

第五，家长们也可以寻找生活中和网络上的自闭症儿童家长群，参与互助小组，与其他有相同境遇的家长多沟通。互相分享育儿的经验，分担育儿的烦恼和痛苦。要知道你不是一人在奋战，还有千千万万的自闭症儿童家长和你一样在为了自己的孩子而努力着，辛苦着，并快乐着。

为孩子找到合适的培训老师固然重要，但是家长是子女的第一任老师，同时也是任期最长的老师。家长拥有健康稳定的心态，并不断扩充自己的育儿知识，对子女今后的成长会起到至关重要的作用。

早期干预越早越好

父母在努力调试好自己的心态以后,下面要做的就是对孩子们进行早期干预了。可能有的家长还会抱有侥幸的心理,认为男孩说话本来就比较晚;孩子只是不好意思,所以不看人;或是孩子太小,所以还不喜欢和别人玩。有的家长由于受他人或失实报道误导,认为自闭症长大了就自然而然没有了,孩子小的时候不必过分担心。这些都是大错特错的想法和观念。从治疗的角度出发,即使孩子没有表现出全部的自闭症症状(如缺乏眼神交流、语言发育迟缓、刻板行为和过多的感官需要),早期的干预和治疗仍可以对他们的大脑起到积极的刺激作用,让他们的潜能得到最大的发挥。所以,时间就是一切,不要等了!现在需要和时间赛跑!

越来越多的文献证实,越早治疗,效果越好!脑科学的研究成果告诉我们,儿童刚出生的前3年是他们的大脑发育最快的阶段,具有很大的可塑性,90%大脑的发育发生在这一阶段,在此之后的任何一个阶段的发育都无法匹敌。很多年轻的家长由于没有育儿经验,对于儿童的发展阶段缺乏基本的了解,或是出于自己良好的愿望,认为孩子长大就会自己好了，或是由于其他各种原因导致没有对孩子进行及时有效的早期干预。到了孩子学龄之后，就错过了开发语言能力的黄金时期。这种情况令人悲痛，却不可逆转。在我们的临床经验中看到过太多这样的例子，令人深感惋惜。

接受过早期干预治疗的孩子和没有接受过早期干预治疗的孩子，其后期发展（尤其是语言发展）差别极大。美国有研究表明，三分之一接受早期干预的儿童在到达学龄阶段不必再接受特殊教育！四分之三接受早期干预的儿童在各个方面都有显著的进步。

早期干预的好处

在国内,随着人民生活水平的提高和特殊教育的普及,对于残疾人的待遇已大有提高。但是在一些地方还是或多或少地存在对于特殊儿童的偏见,以及对于这类儿童的歧视、虐待,甚至遗弃的现象。早期干预通过对特殊幼儿进行高密度的干预训练来提高他们的能力和生活质量,进而提高父母对他们的接受程度,大大增加他们留在自己亲生父母身边的可能性。家庭是社会最小的单位,只有家庭稳定了,才能创造出和谐的社会。

在美国,除了某些州对于收入较高的家庭收取很少一部分费用,大多数情况下早期干预对于儿童和家庭都是免费的。虽然这对地方和学区来说是一笔不小的开支,但是长远来看,十分值得的。有研究统计表明:投入1美元进行早期干预治疗,通常会回报社会2到18美元。通过这些早期投入,社会因此减少和节省了以后对于这些儿童的照顾和治疗方面的费用。因此,早期干预不论从微观(个体和家庭)还是从宏观(国家和社会)角度来说都是有利的。

早期干预的对象

出于经费和师资方面的考虑，并不是所有发育迟缓的儿童都有资格接受早期干预。在美国，如果父母担心孩子的发育情况，那么他们需要联系家庭所在区域的早期干预部门。早期干预协调员会安排心理学家和其他相关领域的评估人员上门对儿童进行实地观察以及量表评估。现在普遍采用的早期干预衡量标准是在运动发育、认知、言语语言、社交、情绪和自理能力当中一个领域低于平均数两个标准差以上的发育迟缓，或是在两个或以上的领域有低于平均数一个标准差以上的发育迟缓。另外有些幼儿由于一些特殊的原因可以自动进入早期干预的范围，不需要再申请或评估。这类的儿童包括极度早产儿、唐氏综合征儿童（由于其面部的明显特征），还有一些一出生就接受手术治疗的病患儿。

早期干预的内容

早期干预是针对在运动发育、认知、言语语言、社交和情绪以及自理能力方面发育迟缓或障碍的 3 岁以下幼儿的服务。在美国，3 岁以下接受早期干预的儿童一般会参加半天 2.5 小时左右的在校培训（主要是应用行为分析教学）。当然，还有一部分程度比较严重的幼儿，在校的半天时间还不足以完成对他们有效的干预，所以这部分幼儿在回家以后还将接受治疗师的上门服务（每周 2 小时到 20 小时不等）。

应用行为分析是早期干预中最重要的一部分。早期干预的对象都是不到 3 岁的小娃娃，同龄的正常儿童都不一定入托入园呢。密集的教学安排对于增强孩子落后的语言和身体发育能力固然重要，但是不要忘了他们还是年幼的孩子的这个事实。根据孩子的年龄特点有针对性的安排合适的教学内容非常重要。每个儿童的发育程度和教育需求不同，因此无法针对干预项目给出一个统一的标准答案。

一般来说，利用应用行为分析进行早期干预可以从孩子的语言发展、认知训练、游戏训练和自我管理训练等方面入手。对于孩子的语言训练，包括听力训练和说话训练。听力训练包括教孩子如何听话，完成大人给出的简单指令，如站起来、过来、拍手等，以及模仿大人的简单动作。说话训练则是要教会孩子如何表达自己的意愿并和他人交流，从用手指东西到用词语和句子告诉大人自己想要的东西，到简单的命名、回答问题，甚至对话。认知训练包括教孩子完成简单的配对、指认，了解颜色、形状、数字、字母，以及大小等基本概念。游戏作为幼儿阶段重要的智力开发手段也是训练中必不可少的项目。游戏训练主要教孩子如何正确地使用玩具，并可以衍生到社交技能，发展儿童和同伴共同玩耍以及分享的能力。很多研究发现，学会自己玩玩具以后的自闭症儿童所呈现出的重复刻板行为也会减少。关于自我管理训练，大人可以根据儿童自身需要，教他们整理玩具、上厕所、脱衣服、穿衣服等基本技能，并将这些训练项目融入到儿童的日常生活中。

应用行为分析强调使用积极奖励来强化孩子的好行为，因此在教学中大人可以准备一些孩子喜欢的零食（如苹果或是葡萄干）、饮料（如果汁）、卡通贴纸或是玩具，在孩子对指令做出正确反应以后大声地给予表扬和肯定："你太棒了！"、"太厉害了！"，甚至可以做出很夸张的表情和动作，如一个大大的拥抱以及亲吻等。如果孩子做得不对或是没有反应，就要立刻给予纠正，要求孩子再做一次。需要注意的是纠正错误的时候要本着就事论事的原则，不要过于严厉，更不能对孩子加以责备或是体罚。接受早期干预的儿童年龄都还很小，有的时候时间久了会坐不住，尤其是刚开始接受干预的时候可能会哭闹，在这个时候可以让他们稍作休息，并且适当地多安抚，并加大鼓励和表扬的力度，以保持他们的积极性。家长也可以将孩子已经学会的指令和新的学习任务混合呈现，这样可以保证孩子在完成学会内容以后得到大人的表扬和奖励，有利于保持他们的学习积极性，而不会因为无法完成新的学习内容获得表扬和奖励而气馁。

早期干预还包括语言治疗（speech therapy）、物理治疗（physical therapy）、职能治疗或是作业治疗（occupational therapy）、药物治疗（medication）、家庭教育及辅导（parent training）、心理辅导（counseling）等。

- 接受早期干预的自闭症儿童基本上都需要辅助的语言治疗，由专业的语言治疗师从儿童的吞咽、听觉、嗓音、流畅度，以及认知等方面着手，提高他们与他人之间的沟通表达能力。有一部分经过特殊培训的语言治疗师还可以对挑食或进食有困难的儿童进行进食方面的特别培训（feeding therapy），以改善他们的饮食状况。
- 物理治疗旨在增强儿童的体能，促进肌肉的发展，加强动作的灵活性，并帮助不能独立行走或上下楼梯的儿童进行大肌肉群的训练。
- 职能治疗通过对于儿童小肌肉群的训练，来帮助孩子提高他们的自理能力，例如握铅笔、捡捏硬币、穿珠子等。职能治疗的感觉统合训练,是通过对个体各个感觉系统接受的信息进行整合,帮助儿童有效地运用自己的肢体和环境进行互动。

- 物理治疗和职能治疗通过增强儿童的肢体运动来加强积极的感官刺激,进而帮助儿童减少寻求额外过度的刺激的行为,使他们能够在接受其他训练的时候注意力更集中。

除了应用行为分析以外,以上这三种训练是自闭症儿童最常需要的辅助训练。训练次数根据儿童的个体需要,一般是每种训练项目一周1—5次,每次30—45分钟。具体培训可以是培训师和孩子一对一,也可以是一个培训师与2—5个孩子同时进行。

第二部分

行为干预的基本原则

应用行为分析(ABA)

应用行为分析(applied behavior analysis，ABA)作为一项科学有效的教育和治疗自闭症儿童的方法，正被越来越多的老师和家长逐渐认识和接受。与数学物理这些理工科的"硬科学"比起来，教育作为一门人文科学，有很大的弹性，属于"软科学"，但其实ABA最强调的就是科学性。ABA最讲究的就是用事实说话——注重个体差异，研究个体喜好，设计个性化课程，重视记录数据，分析结果并根据数据结果有针对性地制定干预方案。它不只是存在于书本中的理论，更强调实际操作——ABA将有效的策略应用到改进有益的社会性行为中。它不是靠教育者主观的个人经验，而是依靠客观分析——用科学的方法分析人的行为，并由此有针对性地提出干预方案；它的有效性不是靠运气，而是可重复、可验证的——不管你是有经验的特殊教育老师，还是新手的父母，在掌握了正确的ABA方法以后都可以得到一样积极的效果。

遗憾的是，目前很多人对ABA还是存在一定的误解。

误解一:"ABA? 嗯,我知道,它就是用糖果贿赂孩子。"

这一误解与 ABA 中使用的强化概念有关。强化物是指可以被用来奖励孩子并使其好行为增加的刺激物,除了糖果、饮料以外,玩具、音乐、休息时间、游戏等也都可以作强化物。而对于 ABA 只使用糖果等食品来"贿赂"孩子的误解来源于外界对于自闭症儿童的不了解。相当一部分的自闭症儿童兴趣爱好非常狭窄,不但对父母的注意力或是表扬没有反应,甚至对一般同龄儿童喜欢的玩具也没有什么兴趣。因此,在训练的初期需要首先使用现有的孩子感兴趣的物体来强化他们好的行为,并逐步将之与适龄的玩具以及大人的表扬相匹配使用,使得后者也可以成为孩子的强化物的一部分。在这以后,就可以逐渐消除孩子对糖果等食物的依赖了。

误解二:"我不喜欢 ABA,因为它会把孩子训练得像机器人一样。"

有的家长担心 ABA 会把孩子训练成只会听话的"机器人",缺乏自己意愿,甚至情绪麻木,这样的担心其实是多余的。由于自身学习能力发展的局限性,很多正常儿童通过观察就可以学会的内容,自闭症儿童则需要大人直接教学甚至是一遍遍反复地教学才可以掌握。正确使用

ABA的教学方法不会限制孩子的自由,也不会影响他们的情绪和情感,相反,ABA可以通过科学的方法来改变自闭症儿童的问题行为(包括言语语言行为等),使他们掌握适龄的技能,提高自主性,从而改善他们和家人的生活质量。

ABA强调学习技能的泛化,孩子在学校跟老师学会的技能,在其他地方,跟其他人也都可以表现和用到。例如,孩子在学校里学会了和老师打招呼"老师好",回到家里以后看到爸爸妈妈也会和他们打招呼"爸爸好!妈妈好!"孩子在学校里学会了用勺子自己吃饭,回到家里以后也能自己吃不需要大人喂。

误解三:"ABA会将孩子和其他小朋友隔离开来,导致他们以后不合群。"

ABA讲究因材施教,个性教学,对于每一个小朋友都要按照他们自己的能力水平制定不同的学习计划。在教学实施过程中,又会根据小朋友不同的学习程度安排一对一的教学或是小组教学。对于语言程度较低,暂时还没完全掌握最基本的学习技能的小朋友,很多时候他们需要一对一的教学模式。但是需要说明的是,一对一的教学不意味着没有机会和其他小朋友交流,更不等同于刻意的孤立。对于发展程度较高的小朋友,除了一对一训练以外,还可以加入群体教学(即一个培训师对多个小朋友同时开展教学）。另外，不论发展程度高低，自闭症儿童在接受教育的同时，还有许多与其他小朋友一起玩耍、发展社交技能的机会，这些机会包括与其他小朋友一起吃午饭，一起听故事，还有一起去操场上追逐玩耍。当然，参与这样的群体活动需要在家长和老师的监督辅助下才能达到学习的目的。

此外，学校和老师都会以动态的眼光来看待孩子的发展，在孩子的能力逐渐提高以后，教学环境会相应地发生变化，从一对一教学到小群体教学（一对二、一对三），再慢慢发展到中群体教学（一对四、一对五）、直至大群体教学（整班教学，如融合教室）。

误解四："ABA 只能用来教自闭症儿童。"

ABA 在教学中使用一整套系统的科学教学体系，因此不仅可以有效地教育自闭症儿童，也可以用于正常儿童的教学，甚至是成人（包括家长自己）教育。事实上美国哥伦比亚大学的 CABAS® 创始人 Greer 教授和他的同事就将 ABA 的方法运用到公立学校正常儿童的小学普通教育中，他们发现这些儿童在阅读、数学和语言方面的表现明显高于他们所对应的年级水平。

另外，我们在日常生活中也常常使用基于 ABA 的策略。在考试结束后，很多老师都会将年级考分前十名的同学的名字公布在红榜上，这其实也是借用了ABA中的"公共告示"这一策略。通过将学习成绩进行公示，让学习好的同学得到来自大家的关注并感到光荣，让落后的同学通过同样的关注而感到压力。我们在电视杂志等媒体中经常看到的年终慈善捐款排名榜，其实也是起到同样的作用。另外，大家所熟悉的年终奖，其实也是利用了ABA中正强化的原理。单位对于员工一年的表现进行总结，按照每个人的贡献多少给予不同的奖励。得到较多年终奖的员工下一年会更加努力，得到较少年终奖的员工则可以通过观察学习，因看到同事的努力工作得到强化，从而以后也会好好努力。

认识到孩子行为的目的性

四岁半的明明在幼儿园的时候很听老师的话,中午和小朋友一起的时候可以一个人在小凳子上坐得好好的,还会自己用勺子吃饭,吃好饭还会帮助老师收拾碗筷,特别独立。可是一回到家和爸爸妈妈在一起的时候,就像变了个人似的,什么事情都不会自己做,而且一定要像一岁的弟弟一样让妈妈抱着喂他才吃饭。爸爸妈妈也尝试着让他坐在自己的椅子上吃饭,试了各种办法,凶也凶过,骂也骂过,哄也哄过,可是都不怎么见效。看着明明哭闹不吃饭,爸妈又很心疼,只好投降。现在爸爸妈妈要一个喂弟弟一个喂明明,把两个孩子都喂饱了自己才能扒上两口发凉的饭菜。

明明在学校里非常独立,可见他具有一定自我管理的能力,而他回到家里事事要靠父母,则可能是为了和弟弟争夺父母对自己的注意力。如果父母不了解孩子行为的目的,只是希望靠哄靠骂来纠正他的行为,实际上却给了明明他最想要的注意力,反而让他的行为得到了强化,并会不断再次出现。而如果父母了解了明明行为的目的,就可以在他乖乖吃饭或是做出其他独立行为的时候立刻表扬他，奖励他独立的好行为，同时在他耍赖皮依赖父母帮忙做自己可以做的事情的时候，不予理睬，这样久而久之他就会理解自己这样做是没有用的，以后也就不会再利用哭闹来得到父母的注意力。如果父母能够做到这样有的放矢，就能最快最有效地减少问题行为，同时还能最大程度地增强好的行为。

通过功能性行为测评问卷帮助家长了解了孩子产生问题行为的目的，这样才能更有的放矢地针对问题行为制定出有效的解决方案。如果不明白行为产生的原因就急于找办法"开方子"的话，则很有可能南辕北辙。

在生活中，问题行为可能有多种表现形式：躺在地上打滚、哭闹、踢人、打人、骂人、咬人、扔东西等。正是因为行为表象的千变万化，使得很多家长觉得干预起来似乎无从下手。ABA认为任何行为，包括好的行为与问题行为，都是有一定的功能的。例如上课认真听讲是为了得到老师的表扬或是想学的知识；而逃学则可能是为了逃避繁重的课业负担。行为的目的无外乎是两类：第一是获得，第二是逃避。孩子可能希望获得实质性的物品（如食物、饮料、玩具、书等），获得他人的注意力（如父母和老师的关注、表扬等），或是获得感官上的刺激（如不停转圈导致头晕，不停甩长绳上的玩具击打自己的肩膀等）。需要逃避的东西也可能多种多样，孩子可能希望逃避与他人的接触（如目光交流等），逃避任务（如作业、家务劳动等）或逃避感官刺激（如强光、吵闹的声音等）。

所以我们在找到解决问题的正确办法之前，首先必须要确定孩子行为的功能或是目的。功能性行为测评问卷可以帮助家长和老师们逐步了解问题行为的功能。通过充分了解问题行为发生的各个相关因素，例如定义问题行为、行为之前和之后分别发生了什么、行为发生的时间、父母对于问题行为的反应等，家长和老师们就可以对问题行为的功能做出一个简单初步的推断。

表 1　ABC 行为记录表

时间和日期	活动	前事	行为	结果	其他记录
日期： 开始时间： 结束时间：	例如： 吃饭__ 睡前__ 起床后__ 做功课__ 玩耍__ 过渡__	例如： 家长给出指令__ 没有得到想要的玩具__ 从玩耍过渡到做功课__	孩子做了什么，说了什么	家长做了什么，说了什么	

注：A-前事　B-行为　C-结果

附录　功能性行为测评问卷

开放式功能性行为测评问卷① 　　　问卷日期：

作者：Gregory P. Hanley, Ph. D, BCBA-D

(原著 2002；修订 2009)

儿童/客户姓名：　　　　　　　　　问卷完成人姓名：

问卷完成人和儿童/客户的关系：　　访问人姓名：

相关背景信息

1. 他/她的生日和年龄：　　____岁____月　性别：男/女

2. 描述他/她的语言水平：　　____岁____月

3. 描述他/她的玩耍水平，喜欢的玩具和活动

4. 他/她其他的喜好：

功能性行为分析相关问题

客观定义可观察的问题行为：

5. 问题行为是什么？描述问题行为。

决定对于哪个问题行为进行功能性测评：

6. 哪一个问题行为最令人担心？

7. 请列出前三个最令人担心的问题行为。还有哪些问题行为让人

---

① https://www.abainternational.org/media/46721/Hanley FAInteview.pdf

担心？

进行功能性行为测评需要注意的问题：

    8. 描述问题行为的严重性。他/她或者他人是否会因此而受到伤害？

辨别危险性问题行为的先导，功能性行为测评可以针对先导行为而不失更危险的行为：

    9. 不同种类的问题行为是否同时发生还是有先后顺序？例如问题行为 A 通常在问题行为 B 之前发生（例如：先喊叫然后再打斗）。

决定功能性行为测评可能用到的前提条件：

    10. 问题行为在哪些条件下最容易发生？

    11. 问题行为是否在哪些活动中反复出现？

    12. 是什么触发了问题行为的发生？

    13. 问题行为是否在打破惯例或者中断活动时出现？如果是，请进一步描述。

    14. 问题行为是否在他/她无法得到他/她想要的东西时出现？如果是，通常她/他想得到什么东西？

决定功能性行为测评时可能使用的测试条件和特定后果：

    15. 当问题行为发生时，你和他人是如何反应的？

    16. 当问题行为发生时，你和他人是如何让他/她平静下来？

    17. 当问题行为发生时，你和他人是如何转移他/她的注意力的？

下面的问题可以帮助我们了解问题行为的成因以及决定测试条件：

  18. 你认为他/她在通过这些行为表达什么？

  19. 你是否认为这些行为是一种自我刺激？如果是，是什么给了你这种印象？

  20. 你认为为什么这些问题行为会出现？

好的行为要奖励（一）——用什么奖励

我们都知道教育好孩子需要"奖罚分明"（当然，这里的罚并不是指不必要的惩罚甚至是体罚）。对于自闭症儿童的教育，就更需要大人对于他们的好行为和坏行为区别对待，并能够说到做到（contingent）。有的人可能会说：奖励？不就是说好话和买礼物吗？这个谁不会啊！

可是，做起来真的就这么简单吗？

ABA 将可以使行为加强的刺激统称为强化物（reinforcer）。强化物分为两类，第一类强化物叫做原始强化物（primary reinforcer）。对于这一类的强化物，我们生来就喜欢和需要，不需要通过后天的学习，例如食物、水、空气、睡眠等。而对于孩子来说，糖果、果汁、巧克力等都可以作为强化物用于奖励他们的好行为。例如爸爸问乐乐："小猫有几条腿？"乐乐回答："四条。"爸爸立刻给乐乐一小块他喜欢吃的巧克力。这块巧克力就是对乐乐正确回答问题的奖励。

家长们几乎每天都在使用这一类的强化物，因为其比较容易理解。了解强化物的特性，并利用动机操作（motivating operation），常常可以使它们的强化作用大大增强,而达到事半功倍的效果。举个例子,小杰很喜欢吃米饼,如果在吃饭之前利用米饼做强化物来奖励他安静听讲的行为,就肯定会比在他吃饱了以后再用同样的米饼做强化物的效果好得多。相似的例子还有很多,渴的时候的一杯水、饿的时候一口面包、热的时候一股清风、困的时候眯上一小会儿,都用到了动机操作。我们常说的"锦上添花,不如雪中送炭",说的就是这个道理。

还有一类强化物本身并不具有强化或是奖励的功能,可是却可以通过不断地与其他强化物的配合使用而变成了习得强化物(conditioned reinforcer)。比如代币,它本身不具有任何价值,它是通过与其他物品的结合使用,也就是说因为一定数量的代币可以与他人交换等同价值的强化物,代币才因此而获得了价值。又比如父母对于孩子的口头表扬"你真棒",这句话对于刚出生的新生儿来说可能并没有任何意义,但是孩子在后来的成长过程中认识到父母每次说"你真棒"都会辅以其他的奖励,如一个糖果、一个微笑、一个拥抱,而这些都是孩子喜欢的,所以久而久之"你真棒"这句话就变成了孩子的强化物之一,让孩子觉得倍受鼓励。

对于自闭症儿童来说,他们一开始对于很多习得强化物并不感兴趣。父母的微笑和赞扬甚至新的故事书和玩具这些对于正常儿童极具诱惑力的东西,他们可能都觉得无所谓。因此需要大人帮助他们不断地增强以及扩充这一类的强化物,一来是因为这样的强化物更普遍更易获得——如果妈妈的一个微笑、爸爸的一句"你做得真好!"就能让孩子好好听话,谁还需要费劲去找巧克力呢？二来可以通过这一过程,拓展孩子的视野,丰富他们的经历。很多自闭症儿童因为无法体会书和玩具带来的乐趣,因此不能在闲暇时光像正常儿童一样玩耍,而是做出一些让他人无法理解的无意义的刻板行为,如原地转圈、咬手指等,因此家长需要帮助他们发掘读书、听儿歌、玩玩具等活动的乐趣,使这些东西也成为孩子的强化物(具体操作参见第三部分)。随着这一类强化物队伍的扩大,孩子在成长过程中对于原始强化物的依赖就会越来越少——家长也就不必担心需要随身带着薯片、果汁来奖励孩子了。

好的行为要奖励（二）——如何奖励最有效

小虎对自己的名字没有什么概念，别人喊他的时候他从来不理。直到有一次爸爸喊他的时候，他忽然抬头看了爸爸一眼，这可把爸爸乐坏了，抱起他来转了三圈，把小虎乐得咯咯笑。在新行为建立的初期，我们建议大人在儿童每次做出正确的行为的时候都予以奖励。也就是说，小虎在刚开始对自己的名字做出反应的时候，大人要对每次的正确反应及时给予奖励，如用孩子喜欢的零食、口头表扬、露出惊喜的表情、亲一下或是抱一下孩子。奖励好行为的目的是为了使这样的行为在以后不断地出现。父母如果每次在小虎对自己名字有反应的时候都给予他奖励，那么小虎就很有可能学会在以后听到别人喊自己的时候要抬头看。

孩子吃好了饭，主动把桌上的碗筷端到厨房给妈妈，这时家长就要好好表扬孩子，亲亲他的小脸蛋，告诉他"你是妈妈的好帮手，你真棒"，或是再给他一块他喜欢的饼干。这样孩子做家务的好行为受到了妈妈的奖励，下次就还会继续这样做。如果这是孩子第一次把碗端给妈妈，家长更是要注意每次对这个新行为多加关注、多加奖励。也就是说，父母要在孩子每次帮忙端碗的时候都给予奖励。持续一段时间以后，当饭后收拾碗筷的好行为慢慢变成了孩子的好习惯之后就可以每天表扬一次（逐步加大奖励之间间隔的时间）或是每两三天表扬一下（逐步加大奖励之间间隔的次数）。

大部分家长每天要上班，下了班还要做饭，要忙永远也忙不完的大大小小的事情，要求家长坚持对孩子每天每次的好行为都给予高度关注并给予奖励也是不现实的。一旦好的习惯被养成，也就意味着孩子已经可以从这样的行为本身得到"自然强化"了，这样内在的动力和积极性可以让孩子持续做出好的行为，那么家长就可以将关注点转移到孩子其他的发展领域，奖励他们新的好行为。例如小明刚学会饭前洗手的时候，父母每次都表扬他。但是当他已经完全学会了这么做，就不必三个月以后还在表扬和强化这个行为了，而是可以开始鼓励小明自己用筷子吃饭这件事情。同样的道理，小平在三岁的时候已经学会自己上厕所，就不必到了三岁半的时候每次上了厕所还要表扬他了。

当然我们也要避免在新行为刚刚形成初期就过早地中断强化。因为这样一来，孩子刚刚被调动起来的积极性就很容易一下子被浇灭了——孩子可能会认为"现在我好好听话，可是妈妈怎么看不到啦？"家长在具体操作的时候要注意逐步递减奖励的频率，在孩子习惯完全形成之前不能一下子减少太多。可以从一开始每次都表扬逐步递减为每两次表扬一下，稳定以后再每三四次表扬一下，直到孩子可以完全独立自主地完成。此时父母就可以时不时地奖励一下,摸一下孩子的头,轻轻拍一下孩子的背,亲一下孩子的额头,这样也让孩子知道父母一直在关注着自己,从而感受到父母对自己的爱。

有些家长看到强化物在改变孩子行为方面起到的积极作用,大受鼓励,认为这样就可以一下子解决孩子不听话的问题了。但如果过于频繁地使用单一强化物(即使是孩子最喜欢的东西),很容易使孩子达到满足甚至厌烦,强化物也会因此起不到原有的作用。例如上一节中小杰爱吃米饼的例子,如果家长一直使用米饼来奖励小杰,在吃了五片甚至十片米饼以后,小杰很有可能就不再想吃了,那么之后米饼就起不到强化好行为的作用了。但如果在这个时候家长拿出一杯水或是果汁,那么对于刚吃完干干的米饼的小杰来说可能就是最好的强化物了。

又比如有的孩子平时吃饭每次都要花上一个小时以上的时间,让大人头疼。家长在专家的指导下告诉孩子只要乖乖吃完饭以后就可以和新买的艾莎公主娃娃玩,孩子居然只用了平时一半的时候就把饭都吃完了!简直太棒了!孩子非常喜欢这个新玩具,抱着娃娃不撒手,到哪儿都带着,睡午觉的时候都抱着。不过让很多家长不解的是,才过了两天怎么娃娃就完全没有用啦?孩子吃饭时又恢复到之前的拖拖拉拉的状态,再拿艾莎公主娃娃出来也不管用了。其实包括玩具和食物在内的每一种新强化物对于孩子来说都有一股新鲜劲儿,要保持强化物的效力,家长要尽量让这新鲜劲儿保持得越久越好。让孩子每次通过自己好的表现来赢得自己喜欢的玩具,而不能无条件的长期拥有。这样的强化物才可以对孩子保持长久的吸引力。

还有的家长去外地出差,离家几天看不到孩子,心里满满的愧疚,出门的时候许诺:"在家做个好孩子,爸爸妈妈一定给你带好东西回来。"一回到家,马上打开行李,把为孩子精心挑选的礼物一件件全部拿出来。孩子当时一定乐翻了天,把玩具零食一个个拆开试了个遍,但没过几天就对这些东西失去了兴趣,又吵着要爸妈给买新的了。这里给家长一个温馨小贴士:不要把礼物一次性都拿出给孩子,而要一次一件地拿出来,这样孩子才会每天都有惊喜。最好是在孩子做出好的行为(如帮忙做家务、完成作业、自己刷牙等)以后,再将礼物拿出来奖励孩子,这样你买的礼物就可以发挥最大作用了!

对付问题行为(一)——预防和替代

将近年末,丽丽的爸爸妈妈工作特别忙,回到家以后还要准备一家人的晚饭。爸爸妈妈在厨房里忙的时候就让丽丽在客厅看电视玩 iPad,好不容易把晚饭准备好,想安安静静吃顿饭,谁知丽丽还不老实,每次吃两口就跳下饭桌,让爸爸妈妈去追她然后再把她抱回饭桌。妈妈说丽丽就没有一次在饭桌上老老实实地吃完饭的。有的时候妈妈强制不让她离开饭桌,她就又哭又闹,还把自己的碗筷和饭菜都推到地上,让家里其他人也不能好好吃,大人试了几次以后只好作罢。和丽丽妈妈一样的家长不在少数,孩子的问题行为倒也不严重,但是每天的哭闹也的确很令人头疼。

丽丽在吃饭的时候不停离开饭桌很可能是为了吸引父母的注意力。而父母不断放下碗筷去追她实际上就是给予了她所需要的关注,并且强化了她的行为。在意识到这一点以后,妈妈可以尝试在准备晚饭的时候让丽丽一起来搭把手,帮妈妈做些简单的家务,让她坐在身边,问问她白天学校发生的事情。在吃晚饭的时候,如果丽丽乖乖坐在饭桌上,爸爸妈妈要马上表扬她"今天和大家一起坐着吃饭真乖!"——简单来说,不要等到孩子出现问题行为才予以关注,而要提前在孩子表现好的时候就给予关注。这样丽丽就没有必要一而再、再而三地为了得到父母的关注而离开饭桌了。

明明是个可爱的三岁男孩,可是就是爱在不高兴的时候乱扔东西。妈妈在专家建议下观察明明的行为,发现明明的行为似乎有规律可循——每次都是发生在爸妈让他整理玩具然后洗手吃饭的时候。原来是明明不愿意收拾玩具,想要继续玩耍,而妈妈却将他喜欢的玩具收走了,因此他才会乱扔东西。知道了原因后,爸爸妈妈就可以教明明用语言或是用图片表达"再玩一会儿"。这样对于孩子来说,不同的行为却达到了同样的功效,而对于父母来说,则是教会了孩子用正确的请求方式替代了原来的乱扔行为。另外,父母也可以尝试每次提前五分钟通知孩子,或是用手机设上一个小闹钟,摆在孩子面前提醒他:"还有五分钟就要和玩具说拜拜咯!",给孩子留足缓冲时间比忽然通知结束游戏效果会好很多。

五岁的小红老是爱在墙上乱涂乱画,画花了自己房间的墙壁又到客厅里面画。烦恼的爸爸妈妈不知道怎么办,每次看到墙上女儿的新作都会很生气地把她骂一顿。但父母的责骂对小红的乱涂乱画似乎没有什么用,第二天她还是照画不误。爸爸妈妈没辙了,最后只好把她作画用的蜡笔和水彩笔都藏了起来。可没过几天,聪明的小红又不知道从哪里把它们找了出来，一转身又在墙上乱画一气。在注意到孩子的问题行为以后，父母一般的做法都是，着急想办法如何降低和减少问题行为。殊不知，如果其功能和目的没有达到，暂时减少的问题行为很快又会回来。我们看到，父母责骂（惩罚）并没有起到减少小红的乱涂乱画行为的作用。在了解到孩子行为的功能后，父母可以鼓励孩子做一些可以达到相同目的的合理的行为。比如小红的父母就可以为孩子多添置一些画板、画架、大幅画纸一类的器材，放在或是贴在她的房间和其他房间里，让她可以畅快淋漓地"创作"一番。而且这样完成以后的作品还可以永久保存。另外一个可供参考的方法是将家中一面墙刷上黑板漆，设计成一面专供孩子创作用的地方，并鼓励孩子只在这面墙上作画。这样做就可以为小红原本的问题行为找到一个合理的替代，为她喜好画画的行为找到了疏导的渠道。

家长对于孩子的问题行为最重要的是要溯本清源，简单的责骂是起不到真正根治的作用的。家长在了解行为目的以后需要采取更为主动的策略来与孩子沟通，而不是坐等孩子问题行为发生了以后再采取解决问题的办法。很多时候，孩子的行为问题其实是可以避免的。同时，家长也要教孩子学会用可被接受的方法达到同样的目的。这样既可以减少问题行为的发生次数，又可以教孩子学会好的替代行为，可谓一箭双雕，达到孩子和父母双赢的效果。

对付问题行为（二）——反应代价

妈妈发现平时聪明乖巧的田田最近变了，听老师反映他在学校和其他小朋友一起玩的时候时常会蹦出一两句脏话，骂别人是"蠢猪"还有"傻冒儿"。老师在学校里对他批评教育，他还顶撞老师。妈妈刚得知的时候很吃惊，而后又很羞愧，责骂他不该说脏话和打人，可是却好像没什么作用。

在孩子语言学习的初期，很多时候老师和家长都会使用仿说，即让孩子模仿大人示范的语言，并鼓励孩子的模仿语言。这样的教学方法给很多孩子留下了深刻的印象，他们在学校或是在家里都会模仿他人讲话或是电视里的人物对白，这样做一方面使得孩子具有观察学习能力并可以在模仿中获得扩大自己的词汇量，而另一方面由于有的孩子无法辨别文明用语和不文明用语，使得他们容易沾染上一些不良的习气。对于这样的孩子，家长可以向他们解释需要遵守的行为规则（如买东西要排队，在图书馆说话要小声，要和小朋友好好玩耍等），如果破坏规则，将会有相应的后果。上文中的例子里妈妈可以向田田说明对他的期望，告诉他要和别人讲文明用语,并告诉他如果做不到的话是要付出"代价"的(即反应代价)。这里的代价不是体罚,而是特指失去一样自己喜欢的东西(例如一个零食或是玩具)。例如田田很喜欢用妈妈的手机玩游戏,妈妈就可以告诉田田如果继续说脏话以后就不可以再玩游戏。在决定"代价"时需要选择孩子很喜欢和在乎的物品或活动,如果选择的东西对于孩子来说是关系不大可有可无的,那么孩子就不会有很强的积极性去努力改变自己的行为了。如果田田本来就不爱户外活动,而妈妈告诉他如果继续说脏话周末就不可以去植物园了,那么田田对妈妈选择的这样的反应代价可能就并不在乎,这样对他的行为也就起不到应有的约束作用了。

对于已有自己零花钱的孩子,家长还可以告诉孩子说脏话会失去每周的零用钱。家长也可以单独设立一个储蓄罐,并规定这个储蓄罐里的钱都要捐出去。每次孩子说一句脏话,就要从自己的零用钱里面拿出一元钱投到储蓄罐里面。这个就是利用了反应代价的原理,让孩子知道自己说脏话是要失去自己喜欢的东西的。

ABA强调对孩子的教育要以奖励为主,不到万不得已不要使用惩罚。但是如果孩子的问题行为已经相当严重,威胁到自己或是身边人的安全,或是家长在找出了孩子行为的目的后,实施强化其替代行为、区辨性强化其他合理行为以后都没有办法控制,那么才可以考虑对行为进行惩罚。反应代价就是惩罚的一种,因此建议家长在尝试其他积极策略以后再使用。当然反应代价也可以和其他的策略一并使用,并取得"奖惩分明"的效果。上文的例子中田田的妈妈还可以教他如何正确地与小朋友相处,并鼓励他使用文明用语。

生活中利用反应代价来纠正和改变行为的例子还有不少。很多公司对于迟到早退的员工会扣除其部分或全部的奖金,利用这样的奖惩制度鼓励员工上下班要准时。这被扣除的奖金就是员工对于自己不守时行为所付出的"代价"。而我们平时开车要遵守交通规则,一旦出现闯红灯或者超速驾驶等违反交通规则的行为的后果就是会吃罚单、会被扣分,受到惩罚的司机在以后开车的时候就会减少同样的违规行为。因此这些罚单和扣分也是对于违规行为所付出的"反应代价"。

对付问题行为（三）——暂时隔离正增强环境

小强妈妈最近很烦恼，因为5岁的大儿子小强总是欺负1岁的弟弟。小强和弟弟当着父母的面都好好的，但常常是爸妈一转身，或是前脚刚踏出房门，就听见弟弟的哭声。回去一看一问，弟弟说哥哥掐自己，还推自己。爸爸妈妈找小强谈了好几次，他口头上答应得好好的，要和弟弟好好玩，不欺负弟弟，还表态说有什么问题解决不了的会来问爸爸妈妈。可是说归说，一说完就忘记，第二天还是照犯不误。如果哪天弟弟去奶奶家玩了，那么那天小强就会很开心，缠着爸爸妈妈撒娇。

妈妈比较了小强在不同情景下的行为，发现他打弟弟的行为可能是为了得到父母的注意。妈妈心里感到很愧疚，觉得自己在照看弟弟的时候可能是忽略了他，于是就特别努力地想补偿他，给他买了好多玩具。有时候看到弟弟被打了也不再说什么，只是教育小强两句让他和弟弟两人好好玩。谁知道妈妈一片好心却适得其反，小强最近打人的行为愈演愈烈了，现在生气的时候有时还会打爸妈。

有的家长会在孩子犯错之后选择把孩子关进"小黑屋"（如储物间或

是厕所)反省。我们不建议家长这么做,一来因为这样的"小黑屋"一般没有窗户可供大人及时观察孩子的状况;二来一般孩子此时情绪可能比较激动,被关进屋子里以后很容易出现"消弱突爆"(extinction burst)现象导致问题行为升级,加之屋子里可能有很多闲杂物品,非常容易发生危险;三来有的孩子可能会将自己反锁在屋内,让大人无法进入,从而造成危险。

那么到底应该怎样做才能正确有效地降低问题行为呢?

爸爸妈妈可以在小强每次打人之后,都严肃地批评他,并让他到墙角面壁思过,或是坐在角落里一个小凳子上,暂时冷静一下。在这段时间里(如两分钟),爸爸妈妈和家里其他人都不和他说话,也不看他。因为小强行为的目的就是为了得到家人的注意(强化物),所以即使小强哭闹,也不能和他有任何的眼神或是语言交流。如果小强不乖乖坐着而是吵闹着跑出来的话,那么计时将重新开始。也就是说,小强一旦跑出来或是离开座位,那么必须重新回去安静两分钟。同时为了增强效果,还可以在这个时候把他平时最喜欢的零食或玩具分给弟弟,同时大声宣布(好让小强听到):"弟弟好乖,弟弟不打人,弟弟有好东西吃/有玩具玩!"这时,吃喜欢的零食和玩喜欢的玩具就是我们创造的"正增强环境",不让小强吃零食和玩玩具就是把他和这样的正增强环境暂时隔离开了。在两分钟结束以后,父母也不要因为心软而立刻安慰小强或是让他吃零食或玩玩具,否则又有可能对他的问题行为起到鼓励和强化的作用。小强必须要自己努力做出积极的成绩来获取自己喜欢的东西。

一旦确定使用惩罚来纠正问题行为，那么必须自始至终坚持使用。从第一次开始，以后每次同样的行为再次出现时，都需要对其进行惩罚。家长千万不能只看自己的心情，对这样的行为睁一只眼闭一只眼。从强化的角度来看，在问题行为不被惩罚的时候，正是其被强化或是被鼓励的过程！小强发现今天踢了弟弟以后，妈妈没有像往常一样惩罚自己，他就会觉得妈妈默许了他这样的行为，那么他打人的行为就在无意间又被强化了！

当然，如果家长可以通过之前讲到的内容做到积极强化孩子的好行为，并通过改变环境中的诱因预防可能出现的问题行为，并在其出现以后及时找到相同功能的好的替代行为，那么就没有必要使用惩罚纠正问题行为了。

最后一点需要特别注意的是，ABA惩罚的是行为，而不是人，强调对事不对人。小强昨天在家里打弟弟了，他的坏行为需要受到惩罚；但是今天他和弟弟好好玩，那么他的好行为就需要受到表扬。总结起来就是父母对孩子的行为要做到奖惩分明，让他/她知道自己的好表现，爸妈是看在眼里的，是会得到奖励的。

第三部分

行为干预的具体策略

培养孩子玩耍的能力

小文今年五岁了,他最喜欢一遍又一遍地在房间里转圈,他一点也不会感到头晕,高兴的时候还会一边转一边笑。他不像其他孩子那样爱玩玩具,虽然妈妈给他买了各式各样的玩具,但是他看也不看。他不喜欢汽车,不喜欢乐高,不喜欢拼图,也不爱看书,他最不能忍受的就是看到别人玩积木。每当在幼儿园里看到其他的孩子在桌上搭积木的时候,他就又哭又闹,硬要过去把别人搭好了的积木拆开放回盒子里才罢休。他唯一喜欢的就是托马斯火车。他喜欢将家中的小火车排成一行,边走边用眼角的余光扫视它们。

我们在教学中常常发现,不少像小文这样的自闭症儿童在空闲时间里喜欢做出拍手、转圈、跳来跳去、嘴里哼哼唧唧或是反复念叨一些他们之前在电视或电影里看到的无意义的台词。研究发现,孩子们之所以会做这些在我们看来没有意义的仪式性的动作,是因为这些动作对他们有自动强化的作用。换句话说,孩子在转圈拍手的时候会得到很大的自我满足。

那么既然孩子喜欢做这些，是否就应该遵循他们的天性，让他们去做自己喜欢的事情，而不去改变他们呢？当然不是！孩子愿意且喜欢在自由时间里重复做这些刻板行为，并不意味着家长和老师应该任其自由发展。因为这样的行为会使得孩子的发展离正常的轨道越偏越远！上一部分中我们讲到，很多自闭症儿童感兴趣的东西除食物以外非常有限，他们喜欢做的且有意义的事情很少。而正是因为他们不能通过正常的途径（如观察家长和其他小朋友，或通过看电视）掌握怎样玩玩具、怎样看书，以至他们只能重复着那些有限的刻板行为。因此父母需要教会孩子一些符合他们年龄的，有利于他们独自玩耍的技巧。

小贴士 1：

选择合适的玩具

首先，要为孩子挑选适合他们年龄和发育阶段的玩具和书籍。有的家长买了不少玩具，但是它们却并不适合孩子当下的发展需要。对于年龄较小的孩子，建议家长们可以选择一些按键玩具——这类玩具只需轻轻一按或是一转，里面就有玩偶跳出来，比较容易操作，也有利于培养孩子理解简单的因果关系。一些会发光和带有音乐的玩具也是不错的选择，这样的玩具有助于吸引孩子的注意力。家长在教学过程中可以准备一些这样的会发光发声的玩具，借助它们将孩子的注意力吸引到其他地方：例如在眼神交流中将孩子的注意力转移到自己的面部，或是在教图片配对时将孩子的注意力吸引到桌面上摆放的图片。如果选择拼图玩具，则要挑选一些片数较少，并带有凸起手柄的拼图，以方便孩子的操作。

对于儿童图书的选择也要尽量挑选一些颜色比较鲜艳，文字比较少，而书页比较厚实，且尺寸较小的书方便孩子翻阅。而对于年龄稍大一些的孩子，家长则需根据孩子的成长需要添置一些可以发展他们小肌肉群以及精细动作的玩具，如乐高、积木、蘑菇钉拼图、过家家玩具、遥控车和故事书等。对于有感官刺激需要的孩子可以准备一些沙盒或是米盒，作为孩子在学习间歇时使用的强化物。另外，选择玩具也要从孩子的兴趣入手。这样在孩子学会并喜欢上玩这类玩具以后，家长还可以将其作为教学中的强化物。

小贴士2：
家长示范

对于现在还不太会玩玩具或是执着于玩具的某一部分的孩子，父母可以为他们示范正确的游戏技能并让孩子模仿。家长们首先要获得孩子的注意，然后用手指向玩具并对孩子说："看这里！"在示范的时候要尽可能做出很夸张的表情，让孩子觉得这些东西很有趣。同时，要注意和孩子多交流，以保证他们的持续性注意。以玩具钢琴为例，家长可以说："哇，我喜欢弹钢琴！"然后一边敲击着琴键，一边伴随着音乐做出十分陶醉的表情，并哼一些孩子喜欢的儿歌，然后将琴递给孩子，让他/她也试着用手指弹一下。

在和孩子一起看书的时候，家长可以先向孩子示范如何翻开书页，然后将书递给孩子让他也试着翻一下书。如果孩子急于翻页，或是只对书中某一张图片感兴趣，那么家长可以用手指着书上其他的图片，逐一解说给孩子听。有的儿童读物的文字较少，家长则不必拘泥于原文，可以通过发挥自己的想象编出一些简单的情节来说给孩子听。例如在看一本关于动物的书时，家长不仅可以告诉孩子各种动物的名称、叫声，请孩子数一数每种动物的数目，还可以给孩子讲一讲动物的颜色、动物喜欢吃的东西、动物生活的地方等。如果孩子有兄弟姐妹，也可以让他们参与进来，在游戏时间为孩子做一些示范。

小贴士3:

由易到难

教孩子玩玩具，同教孩子其他任何学习内容一样，都要遵循循序渐进的原则。家长可以从比较简单，且不需要花费太大力气的游戏动作开始教起，例如摇铃铛、敲鼓和弹琴。这样的游戏动作容易掌握，而且孩子学会了以后立刻就可以使用。每次可以选择教2~4个游戏动作，切忌将战线铺得太开，一次教太多内容。如果玩具比较复杂，有很多步骤的话，家长可以先指导孩子做出第一步，当孩子掌握了这个步骤之后，再指导他做第二步以及更多的步骤。

有时孩子不会玩玩具是因为还没有掌握必要的基础技能。例如有的家长想教孩子按指示图搭出一样的乐高模型，可是孩子还不会叠乐高，那么此时的学习目标就应该是先教孩子掌握如何用力将两片乐高积木叠在一起；有的家长想教孩子玩拼图，可是孩子还无法用两个手指拿起拼图，此时的学习目标就应该是先教孩子用手指将积木的木柄捏拿起来；还有的家长想教孩子画画，可是孩子还不会握画笔，此时的学习目标就应该是先教孩子掌握准确的握笔姿势。这样由易到难地设立教学目标可以帮助孩子打好基础并有利于促进他们逐步掌握复杂的游戏技能。

小贴士4：

适当辅助

有的孩子在看到大人的示范以后,仍然不能立刻模仿或是学会游戏技能，那么家长就要为他们提供适当的动作或是言语辅助。有的孩子可能肌肉控制力不够，在做拼图游戏的时候即使借助小手柄也很难准确地将拼图放好。在这种情况下，孩子试过几次以后就很容易产生挫败感而放弃。这时家长可以手把手地帮助孩子将拼图块放好，并表扬孩子做出的努力。这里要注意的是，只有在孩子需要的时候家长才能提供辅助，切忌让孩子养成依赖大人的习惯。在多次提供辅助以后，孩子会出现一定的主动性，此时家长就要逐渐减少辅助的力度，例如不直接动手帮助，而只用言语辅导孩子，将任务中的主动权逐渐转交给孩子，并最终达到使孩子独立完成的目标。

小贴士 5：

匹配

研究表明，家长还可以通过将孩子不感兴趣的东西与喜欢的东西相匹配（pair），逐渐将它们也变成强化物[1]。在教孩子看书的时候，家长看到孩子一拿起书就应立即鼓励表扬他。对于不太喜欢看书的孩子，父母可以选择一些带音乐按

---

[1] Nuzzolo-Gomez, R., Leonard, M. A., Ortiz, E., Rivera-Valdes, C. L., & Greer, R. D. (2002). Teaching children with autism to prefer books or toys over stereotypy and passivity. *Journal of Positive Behavior Interventions*, 4, 80–87.

键、贴纸，或是有不同触感的书，让孩子有较强的参与感，也更容易吸引他们的注意力。在孩子看书的时候，父母可以轻抚孩子的头发、手臂，或给他/她一点他/她最喜欢的糖果或饼干，告诉他/她："好好认真看书！真乖！"如果孩子继续看书，家长可以每过5~10秒重复一下上述的匹配过程。如果孩子下一秒就把书扔了也不要紧，这很正常！父母可以拿起另一本书继续刚才的过程。

这样的活动每次可以控制在5—10分钟以内，时间不宜太长，以免孩子疲劳或是产生厌烦的情绪。家长如果发现孩子不想继续并有逃避的倾向，可以在不同的游戏种类中适当切换，以保持孩子对活动的新鲜感和兴趣。例如可以按照玩具的种类划分：每天玩积木10分钟，玩乐高10分钟，玩拼图10分钟，玩按键玩具10分钟，玩汽车10分钟，玩iPad游戏10分钟等等。有需要的话，家长可以为孩子准备一个图片时间表（picture schedule），将这些不同的活动以小图片的形式展现给孩子，使他们更好地熟悉自己的活动安排。

在对自闭症儿童的教学中，坚持是成功的关键。每天都坚持不断地努力，你一定会看到孩子身上可喜的进步！

 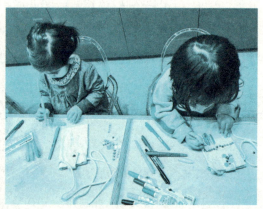

图 2　看书的乐趣　　　　图 3　小朋友们一起画画

培养孩子的语言能力

自闭症儿童大多在言语语言方面存在发育迟缓，正常儿童一般一岁左右开口说话，而很多自闭症儿童可能到两三岁还没有开口说话。有的虽然会说话但是只在心情好的时候才蹦出来一两个单字或是单词，如"爸爸"、"妈妈"、"吃"和"不"。

正常儿童的语言习得看似毫不费劲，因为他们在三四岁的时候就可以流利地和他人无障碍地交流，但这并不代表语言是人类的本能。越来越多的研究表明，学习语言其实是一项极其复杂的过程，语言的训练需要系统的方法以及漫长的过程。正常儿童的语言也是在日积月累中从听到说逐渐习得的。因此对于自闭症儿童而言，更加需要他们以及父母和老师长期不懈的努力。ABA认为语言也是人类行为的一种：同吃饭、走路、认字一样，语言也遵循一般行为的发展规律。因此我们也可以将这些规律运用到语言行为发展上——对于孩子恰当的语言（如需求表达、命名、对话）可以用奖励让其增加，而对于回声式语言和与现实无关的无意义语言则可以用忽视和找替代来达到使其减少的目的。

很多家长认为要教孩子语言，就是要教他们开口说话——这种想法是不全面的。听和说是构成语言密不可分而又相辅相成的两个部分。因此语言教育也可以分为两部分：听力训练和说话训练。有的儿童在两方面存在发育迟缓，而另外的一些儿童可能听力能力还不错，只是在说话方面能力有待提高。一般来说，孩子的听力都会比说话的能力发展得要早一些，而且发展的水平也会相对高一些。其实正常人的语言发展也是遵循这个规律。比如我们自己在学习外语的时候，会出现听得懂的词不一定会说，会说的词却一般都听得懂的现象，就说明了这个规律。一般的人，外语听力词汇量比会说的词汇量大很多。

虽然听力的发展可能先于说话能力的发展，但这并不意味着在教学上需要先开展听力训练再进行说话训练，其实两者完全可以也应该是同时进行的。下面就让我们从这两个方面来分别看一看如何发展孩子的语言能力吧。

语言发展之听力训练

听力相对基础，也较易训练，我们建议家长可以先从和孩子说话开始训练孩子的听力。有人认为自闭症儿童不说话或者不爱说话，就觉得和他们相处的时候也要沉默而对，甚至错误地认为戴上口罩不说话就是对他们最大的支持，其实这是极其错误的做法。这样的误解虽然有时出于好意，但与教育自闭症儿童，改善其言语交流的目的背道而驰。

家长平时要有意识地多和孩子说话，锻炼他们的听力，培养他们成为一个好的听者。有的家长反映不知道要和孩子说什么，有的家长则认为说了孩子也未必听得懂，觉得要等到孩子自己会说话以后再和他们说话才有意义。可是事实真是如此吗？学者 Hart 和 Risley 于 1995 年发表了心理学界一项非常经典的研究，研究发现美国中产阶级及以上家庭的儿童在三岁之前所听到的词汇竟比低收入家庭的儿童多了三千万！作者进而发现，这三千万的巨大悬殊是导致不同社会经济层次家庭出现分层的重要原因之一。现在美国纽约街头的公交车上，都赫然印有这样的公益性广告："Talk to your baby!"（请和你的宝宝说话！），目的就是为了提醒大家多和孩子说话、唱歌、读书,尽可能地用语言刺激孩子,特别是婴幼儿的脑部发育。虽然 Hart 和 Risley 的研究对象都是正常儿童,但结果对于自闭症儿童来说也同样适用。

有的家长认为自己每天上班就很忙了,回家还要和孩子讲那么多话,太累了。还有的家长甚至想要找个"复读机"代替自己对着孩子说话。要知道,父母对孩子所说的每句话都是对他们的大脑的一次数据输入,也是一次对他们语言和智力开发的机会。在儿童成长初期家长对于孩子的影响力是巨大的,特别是家长对孩子所说的话,父母所使用的语言词汇是对儿童最好的示范。中文和英文中都有这样的一句俗语,有其父必有其子(Like father like son),这句话所包含的意思除了指基因遗传导致父母与子女的长相脾气都很接近以外,更重要的含义是,父母作为子女的第一任老师,一言一行都为孩子树立了榜样。如果回到家以后只想到自己可以休息一下,刷刷微信朋友圈,转发几条好友留言,而让孩子在一旁独自玩耍,那就是在大大地浪费孩子的教育时间,白白放弃了促进孩子语言发展的机会。

那么平时家长可以和孩子说些什么呢?最简单的就是和孩子唱唱儿歌(如《找朋友》、《你拍一我拍一》、《小星星》),既简单押韵又朗朗上口。还可以给孩子念故事书(如《三只小猪》、《拔萝卜》、《小红帽》),一边念还可以一边教孩子指认书中的图片甚至是字词。当然最简单的就是同孩子像朋友一样地聊天。家长可以从身边说起,和孩子聊一聊眼前看到的东西，如"看，妈妈今天买了四个红富士苹果"，"爸爸穿的蓝色的羊毛衫真好看"。还可以说说眼前的人正在做的事情，如"爸爸在洗碗"，"妈妈在切萝卜"。也可以和孩子讲讲自己上班发生的事情并和孩子分享自己的心情，如"爸爸今天回来路上堵了一个小时真累呀"，"明天休息，我们去动物园，开心吗？"。交流时要保持句子简短，尽量避免长篇大论。在每句话说完以后稍作停顿，给孩子一个回应的机会。对于孩子作出的反应，即使他们有时发音不准，家长也要给予鼓励。家长在和孩子的对话过程中，不仅为孩子提供了很好的语言示范，而且增加了宝贵的亲子互动，这样孩子就不必为了得到家长的注意力而故意调皮捣蛋了。

在为孩子创造出一个良好的语言环境以后，我们就可以从以下这几个项目开始听力训练：坐下、坐好、看我、看这里和跟我做（Greer & Ross, 2008）。这五个项目为孩子学习其他内容打下了基础，是他们获得全面发展进步必不可少的前提条件。在具体操作的时候家长可以做出相应的动作提示，帮助孩子成功完成指令。在给出指令"坐下"的时候，家长可以用手指向小椅子，提醒孩子要坐在椅子上。在给出指令"坐好"的时候，家长可以示范将双手轻轻地放在自己的双腿上，然后直起腰杆，给出一个示范。在训练儿童眼神交流的时候，家长可以告诉孩子"看着我"，同时将孩子喜欢的小玩具或者食物慢慢拿到自己脸前面，或是用自己的双手的食指逐渐将孩子的视线吸引到自己的脸上。在告诉孩子"看这里"的时候，家长可以用手指向稍远处某个物件，让他们追随手指的方向去看，将他们的注意力转移到一个需要关注的物体上。最后一个"跟我做"，是训练孩子的大动作模仿，家长可以选择一些大肌肉的动作来教孩子模仿，如拍手、跺脚、拍膝盖、拍肚子等。家长在获得孩子的注意力以后向他们示范一个简单的动作，并对孩子说"你来做"。

如果孩子年龄比较小，或是语言程度比较低，父母还可以在一开始的时候辅助以孩子熟悉的歌曲，边唱边教。例如唱《幸福拍手歌》："如果感到幸福你就拍拍手（拍手两下）……如果感到幸福你就跺跺脚（跺脚两下）……如果感到幸福你就伸伸腰（伸腰）……"类似这样的儿歌还有许多，例如《小跳蚤》、《拉个圆圈走走》、《捏拢放开》。熟悉动听的儿歌旋律不仅可以使孩子保持更好的注意力，使教学不再枯燥乏味，而且通过与家长的动作展示的搭配，可以帮助孩子更快地掌握所需的动作要领。

在确定孩子掌握了听力训练里面的指令以后，家长就可以试着减少辅助的手势提示了。例如，叫孩子坐下（而不再用手指小椅子），让孩子过来（而不再招手），让孩子去上厕所（而不再用手指向厕所的方向）等等。除了上述指令以外，其他常用的基础训练口令还包括：拍手、站起来、拍拍头、跺脚、拍桌子、到门口等。这些指令在日常生活中会常常用到，可以训练孩子的听力，让他们在没有其他视觉辅助条件的情况下成为一个好的听者。

除此以外，我们也可以利用听力训练来教孩子一些基本的常识，例如教孩子指认自己的身体部位："鼻子在哪里呀？""耳朵在哪里呀？"通过这样的训练增强孩子对自我的了解。在掌握了这些以后,还可以教孩子指认颜色、形状、字母、数字,帮助孩子熟悉这些基本的概念,为他们以后掌握这些词汇的命名打下基础。

  那么如何衡量孩子是否达标呢?一般来说,如果孩子连续两次达到90%以上的准确率的话,就算达标了,这个标准也同样适用于其他训练。[1]

---

[1] Greer, R. D., & Ross, D. E., (2008). *Verbal behavior analysis: Inducing and expanding complex communication in children severe language delays.* Boston: Allyn & Bacon.

语言发展之说话训练

口语表达训练

在孩子还未真正开口说话之前,往往会无意识地发出一些声音。正常儿童在一岁之前就会经历这个牙牙学语的阶段,而对于很多自闭症儿童来说这个阶段出现就相对较晚一些。当听到孩子发出咿咿呀呀的声音,父母可以积极地去模仿孩子的这些声音。例如孩子说"啦"——家长也可以跟着他说"啦啦啦啦……"。孩子说"吧"——家长也可以跟着他说"吧吧吧……"。同时还可以关注孩子在何种情况下喜欢发出什么声音,并有意识地记录下来,并鼓励孩子在不同的情境下有区分地使用这些不同的声音来和大人交流。此时家长最好要和孩子有眼神交流,用眼神去鼓励孩子。父母不妨蹲下来,或者趴下来,让孩子更方便看到自己,以便更好地进行眼神交流。父母对孩子的模仿和眼神交流从另一个角度说,也是对于他们发声的一种肯定和鼓励。

对于说话训练,我们可以从需求表达开始。孩子喜欢什么、需要什么就先教他们说什么,这样他们学习起来积极性会比较高。孩子渴了要喝水,我们就教他说"水"、"喝水"或是"我要喝水";他们饿了要吃东西,我们就教他们说"饼干"、"吃饼干"或是"我饿了";他们要出去玩,我们就教他们说"玩"、"出去玩"或是"滑滑梯"。对于这类表达需求的语言的奖励办法也很简单,就是利用孩子所需要的东西进行奖励。例如孩子想要iPad玩游戏,妈妈就将iPad举在手里,等到孩子说出"iPad"这个词的时候,立刻把手中的iPad递给孩子。让孩子理解说话和奖励之间的直接联系,从而受到鼓舞,增加孩子以后继续用语言表达的频率。

四岁的小阳可以说一些简单的词句,但是他平时却不怎么愿意主动说话。他很喜欢喝果汁,每天从幼儿园放学回家第一件事就是拖着奶奶跑到冰箱面前,也不说话,只是站着等着奶奶帮他。奶奶知道孙子渴了想喝果汁,就会立刻帮他打开冰箱拿出一罐苹果汁,还要插好吸管然后递给他喝。奶奶关心孙子的心情可以理解,但是这样做,却白白错失了锻炼小阳使用语言表达需求的好机会,十分可惜!

在孩子特别强烈想要某样东西的时候,家长就可以利用这样的机会让孩子通过说话来表达自己。小阳回家很口渴,奶奶虽然知道他很想喝果汁,但是可以故意装作不懂,等孩子自己说出来。如果等了几秒钟小阳还是什么都不说,那么奶奶就可以教他说"我要喝果汁",让他在重复这句话以后才能拿到想要的果汁。如果等了五秒钟之后,孩子还是什么也没有说,那么奶奶可以尝试着再示范一次,然后再等上几秒钟。如果这次孩子还是什么都没有说,奶奶可以暂时走开(此时不能将果汁给小阳,否则孩子得到了想要的东西就会失去说话的积极性)。

如果孩子暂时没有能力说出完整的句子,家长则可以根据其语言发展程度来调整词语的长短,教他们说"喝"、"果汁"或是"喝果汁"。当然不光是果汁,任何孩子需要的东西或活动大人都可以抓住时机教他们用语言表达,例如饭、果汁、水果、电视、抱、来、玩、走、出门等等。大人要在日常生活中为孩子创造出丰富的机会让他们使用语言,并且不断强化他们的努力,这样孩子在以后类似的情境中才会更有可能自己开口说话。

有的儿童虽然学会了一些简单的字和词,但是发音不是很清楚,音调也掌握不到位。例如孩子很喜欢吃糖,但却总是把"糖"说成是"TA"。家长这时不必过于担心,说话训练的重点在于教孩子用语言来表达自己,只要孩子的发音保持统一,并且父母听得懂,那么就可以奖励孩子的语言表达,并在以后的训练中慢慢对其发音问题进行塑造和矫正。如果孩子看到糖就立刻发出"TA"这个音,家长此时应该立刻奖励孩子,把糖递给他,并同时说"给你糖"(强调突出他们之前没有发准确的音)。家长的这句话既是对孩子主动表达自己需求的肯定,也为孩子做出了一个正确发音的示范,让孩子听到了糖的正确发音。

刚刚开始学说话的孩子会用一个字来表达自己的需要,如"糖"、"水"、"走"。在掌握了一个字的表达以后,孩子就可以扩展到用两三个字来更加精确地界定他们所需要的东西,例如"棒棒糖"、"水果糖"或是

"草莓糖",并逐渐发展到用更长的短语来表达自己,例如"要棒棒糖",再到后来,就可以逐步用完整的句子"我要棒棒糖",甚至是"我要吃大的棒棒糖"来表达自己的需要了。

在孩子掌握了一定的词汇以后,有的家长可能存在这样的困惑:是先扩充词汇量还是先扩充句子长度呢?例如在孩子学会说"糖"这个词以后,到底应该是先教他说"棒棒糖"呢,还是先多教他说其他单字的表达(如水、玩、饭)呢?一般而言,我们可以先着手教给孩子多一些的单字表达,这是因为一来单字比短语要简单,孩子有一定的基础教起来会相对容易一些;二来立马就提高要求,会造成孩子的不解和哭闹反抗。因此建议在孩子掌握了一定量的单字表达之后再对他们提出更高的要求即"更上一层楼"。当然,这也不是绝对的,家长可以根据自己孩子的实际情况决定。

非口语表达训练

对于一部分暂时还无法自己发声说话的孩子,父母又该怎么办呢?看到孩子哭得撕心裂肺,却不明白他们到底想要什么,父母心里真的特别难受,多么希望孩子可以早点开口说话。其实对于这些孩子,父母可以借助其他途径来赋予孩子"声音"。最简单的就是教孩子用手指自己喜欢的东西。先指近的,再指远的。注意要教孩子用食指去指,并将其他的四个手指握成拳头——这样与整个手掌全部张开去够东西相比可以更加精确地表达出自己的需要。在孩子准确指出自己喜欢的东西以后,家长要立即将所指的东西奖励给孩子,还要同时记得告诉孩子物品的名称,例如"给你水/球/薯片"。

有的家长虽然很积极地配合将孩子所指的东西递给孩子,但是在整个过程中却不与孩子对话。实际上,虽然孩子暂时还没有开口说话,但是他们却默默地在听在观察,因此家长所说的每句话都是对他们听力词汇的增强和扩充(想想我们自己听到多少次新的外语单词才会自己说的)。

在孩子掌握了用手直接指物体以后,家长可以将两个物品放在一起让孩子选择。例如,孩子有的时候喜欢玩球,有的时候喜欢玩小汽车,家长就可以左手拿球右手拿汽车让他选择"你现在想要玩哪一个呀?"注意物体的距离要离孩子稍稍远一点,不能让他伸手就碰到,只有这样孩子才有用手指的必要。家长们可以逐渐变化及扩大物品的组合方式(例如第一次是汽车和球,第二次是汽车和果汁,第三次是球和薯片)和组合范围(从 2 选 1,到 3 选 1,再到 4 选 1),教会孩子准确表达自己的需要。教孩子用手指自己喜欢的东西,最直接的目的就是让孩子在自己想要却又够不到某样东西的时候(如放置在橱顶或者是超市货架顶端上的东西),能够表达自己并借助他人的力量得到自己想要的东西。

在孩子学会指实物以后,下一步就可以教他们指实物对应的图片了。家长首先需要将孩子喜欢吃、喜欢玩的物品拍成照片，然后打印出来，注意大小要一致，塑封好以后用魔术贴贴在一张大的硬卡纸或海报上（如下图）。下图的示例中选取的都是一些孩子喜欢的玩具和食物，有的时候家长也可以根据孩子的需要加入户外活动的图片（如操场、秋千、游乐场、蹦蹦床），尽可能地包括到孩子的各类需要。在孩子想要某样东西的时候，父母就可以手把手地教他们用手指向实物所对应的图片，并教孩子将图片取下来递给大人来换想要的东西。例如，孩子想要吃薯片，妈妈可以让孩子把薯片的图片取下来交给自己，然后将薯片递给孩子并完成实物和图片的交换，同时告诉他"给你薯片"。这样做可以帮助孩子理解自己行为的意义——指薯片的图片就可以吃到薯片。在多次

图4　使用图片来交流

重复以后孩子就可以建立起图片和实物两者之间的联系,并且在以后自己想要吃什么玩什么时就会想到去指图片来告诉父母。

在具体操作的时候,家长可以从两三张孩子最常用的图片开始,防止一下子教太多而出现混淆。在孩子能够熟练使用这两三张的图片以后,再慢慢地扩充图片量。图片尺寸不能太小,建议一张 A4 大的卡纸上不要放超过 9 张的图片。如果孩子需要的图片增多,家长可以将一些图片分到第二张卡纸上。页数增多以后也可以考虑将图片分门别类,例如第一页设为食物、第二页是饮料、第三页是玩具、第四页是活动等,然后再将它们装订成一个小册子。

这样的图片可以多打印几份,置于家中不同的地方,如墙上、冰箱上。摆放的时候要考虑到孩子的身高,尽量粘贴在适合孩子触碰的地方。比如在冰箱门的下端可以贴上孩子喜欢喝的果汁、喜欢吃的零食的照片,让他们可以在自己想吃的时候把食物的照片取下来交给家长以换取想吃的东西。又例如在每间房间的门口都可以贴上一张马桶的照片,如果孩子想上厕所,就可以指给大人看。在孩子外出的时候,父母要记得随身携带这些图片,让孩子随时都可以用到。因为这些图片现在就代表了孩子的"声音",孩子在学会使用这些图片后刚刚获得了自己的"声音",可千万不要再把他们的"声音"剥夺了!

当然,语言训练特别是说话训练还包括很多内容(如回答问题、与他人会话、阅读),在这里由于篇幅有限,我们只讲了最基本的一些训练内容。如果孩子的语言发展程度已经超出了这里介绍的范围,那么家长可以使用本书第二部分中介绍的 ABA 的基本原则来奖励并促进孩子的语言应用。

代币系统

以前上小学的时候,班级的一面墙上贴满了小红花。班主任告诉我们,只要每天按时交作业就可以在自己的名字旁边贴上一朵小红花。如果集齐了 10 朵小红花就可以享受额外的自由活动时间。这种奖励体制就是我们这里要介绍的代币系统。

代币系统是过去 40 年 ABA 教学中最常用、最有效的干预方法之一。代币系统的应用范围非常广泛。作为一种泛化强化物,代币既可以用于加强正在学习的新技能,又可以用于辅助减少或削弱不良行为。也就是说,无论是教授新行为,还是消除问题行为,都可以使用代币系统。

很多老师和家长们可能都听说过代币系统这个名词。有些家长和老师们可能会说代币那不是用钱来贿赂孩子吗?这样的对于代币系统的误解是很常见的,在这一章我们一起来看看到底什么是代币系统以及如何有效地在日常生活中运用代币系统。

什么是代币系统？

简单地说，代币系统是一个为孩子提供正向加强的体系。我们使用代币系统来强化某一行为、提高行为的发生频率。当孩子完成了一项任务后，我们给孩子代币作为强化物，孩子们可以使用代币来兑换他们想要的奖励。

其实代币系统与我们日常生活中的经济体系是非常相像的。下图便是一个很好的例子。人们每天上班最直接的强化物便是钱，而钱之所以成为强化物是因为人们可以用它来换取各种各样的商品。对于孩子们来说，代币有着相似的作用，通过完成任务和习得新行为来获取代币，然后再通过兑换代币来获取自己喜欢的东西和活动。

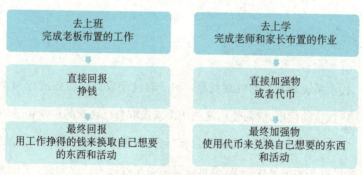

图 5　代币系统与经济体系

为什么要使用代币系统?

很多家长对于 ABA 教学中使用强化物这一点可能或多或少都有些担心:如果没有强化物怎么办?好消息是,在孩子今后的学习生活中,他们总会接触到不同的强化物,也就是说强化物总是有的。变的只是强化物的种类。一味地使用零食、玩具作为直接强化物有很大的弊端。比如说孩子很容易就吃够了、玩腻了,又或者零食和玩具并不在手边没办法马上提供给孩子作为强化物等等。代币的使用可以延迟孩子获取强化物的等待时间,同时孩子可以换取不同的强化物,而强化物的多样化和新鲜感也有利于帮助孩子保持学习动力。当然,与此同时,家长们也要努力扩展孩子的兴趣爱好以扩大他们的强化物群。

如何使用代币系统?

代币系统最基本的机制就是:孩子通过完成目标任务或行为来赢得一定数量的代币,继而使用这些代币来换取自己喜欢的东西和活动。

首先,家长和老师们要确定目标行为。目标行为根据孩子的需要而定,既可以是加强某些行为,也可以是消除某些行为。比如说,豆豆妈妈希望豆豆能够独立吃饭而不再依靠妈妈喂饭。又比如,豆豆妈妈希望豆豆减少尿床的次数,再比如,豆豆妈妈希望豆豆可以学会写自己的名字。这些都可以是家长确定的目标行为。而在学校,老师们也可以确定目标行为。例如,豆豆在10分钟之内完成数学练习,豆豆每天按时交作业,或者豆豆不再抢夺其他小朋友的玩具。在确定目标行为时,家长要先确定孩子们是否有能力来完成目标行为,如果小朋友还没有准备好,家长应该转而针对更基础的行为制定目标,从而为之后的目标行为做好准备。

小贴士 1:
无论在家中还是在学校使用代币系统,目标行为以 3—4 个为宜。 制定目标时要确保孩子具备完成任务的能力,家长可以客观地观察到任务和行为的完成。

一旦确定了目标任务,下一步就是让孩子了解代币的魔力。对于从未使用过代币的孩子来说,代币并没有价值。就好像只有我们用钱换到了我们想要的商品,才知道钱的价值。那么如何让孩子了解代币的价值呢?首先,家长们可以将代币和已知的强化物配对。例如,当豆豆完成一道数学题,妈妈给豆豆一枚贴纸,同时给豆豆一颗糖。当豆豆习惯了糖和贴纸的配对并且开始向妈妈要贴纸的时候,糖和贴纸的配对就可以停止了。这时候妈妈不再给豆豆糖,而只给豆豆贴纸。当豆豆攒齐三枚贴纸的时候，豆豆可以兑换他想要的奖励，例如棒棒糖。当豆豆对于代币系统熟悉之后，妈妈可以延迟给予代币的时间或者要求豆豆攒齐更多的代币来兑换奖励。比如豆豆需要集齐五张或者十张贴纸才可以兑换奖励。

那么什么可以用来作为代币使用呢？通常用来作为代币的包括贴纸、玩具纸币、扑克牌、笑脸、珠子、邮票、小卡通人物等等。家长和老师们可以使用任何孩子喜欢的小物件作为代币。对于已经了解数字的大一点的孩子来说，家长甚至可以使用非实物的代币，例如积分、假的硬币或者钱数。例如豆豆独自吃完晚饭，妈妈可以在豆豆的代币记录中记下10分，当豆豆攒齐50分时，便可以兑换自己想要的奖品和活动。

攒齐了一定数量的代币之后，孩子们可以用代币来兑换哪些奖励呢？奖励可以是实物（例如玩具、零食等），也可以是活动（例如看电视30分钟、玩游戏20分钟、玩电脑30分钟、晚睡30分钟、去朋友家玩耍1小时等）。

家长们可以在家中设立一个代币商店，给不同的奖励挂上价格标签，这样孩子们在攒够了一定数量的代币之后就可以在代币商店换取自己想要的奖励。怎么才能知道孩子们想要什么奖励呢？最简单的方法就是问孩子。如果孩子无法准确地表述自己想要的奖励，家长们可以通过使用强化物测试来寻找孩子喜欢的物品和活动。

小贴士 2：

孩子通过代币兑换的奖品或者活动一定是孩子无法通过其他途径获取的。如果豆豆妈妈为豆豆制定了代币系统，豆豆要赢取 20 枚代币才可以看 30 分钟的电视，而豆豆奶奶允许豆豆随意在奶奶家看电视，那么豆豆就不会为了看电视而赚取所需的代币。

小贴士 3：

家长和孩子要在完成目标行为任务之前需要讲好任务和价钱，一旦任务开始家长就不能随意改价钱。需要注意的是家长好像中央银行一样，可以使代币增值或贬值，并以此来增强目标行为的强度和频率。例如，在教豆豆使用卫生间的第一天，豆豆每次坐在马桶上都会获得一枚代币，而当豆豆成功学会使用马桶后，只有成功使用卫生间才能获得代币。同样地，豆豆起初只需要 10 枚代币来换取托马斯玩具，一周之后，豆豆则需要 15 枚代币才能获得托马斯玩具。

小贴士 4：

孩子不仅可以通过完成任务或者学习新行为来赢得代币，也会因为出现问题行为而失去代币。当孩子犯了严重的错误时，家长可以拿走一定数量的代币。例如，豆豆不愿意自己吃饭还故意打碎了饭碗，这时候，妈妈可以拿走5枚代币，并且提醒豆豆代币是用来兑换他喜欢的玩具和活动的。现在豆豆需要听妈妈的话把失去的代币再赚回来。代币系统的目标是提供正强化，而罚款是一种惩罚措施，惩罚措施虽然可以暂时性地压制问题行为，但是长期的效果并不明显，同时会带来很多副作用，因此家长和老师们需要谨慎使用惩罚措施。

对于年龄大一些有自律能力的孩子，家长可以设置目标和规则，教孩子进行自我监督，然后由家长发放代币。例如，豆豆的妈妈制定了如下规则：(1)每堂课豆豆都要坐在自己的座位上，(2)听从老师的指令，(3)得到老师的允许才可以说话。下课的时候，豆豆对自己课上的行为进行反思，如果做到了就在对应的规则旁边打勾，如果没做到，就在对应的规则旁边打叉，由老师来监督。如果豆豆三条规则都做到了，老师就会给豆豆一枚代币。在制定规则的时候，家长要确保孩子能够理解并遵守规则，也可以听取孩子的意见来相应地调整规则难度。

快来试试使用代币系统吧！

我想赢得一辆托马斯玩具：＝5 张贴纸代币

图 6　代币贴纸示意图

如何让宝贝们睡个好觉（一）

很多自闭症儿童都多多少少有些睡眠问题，但是这并不代表他们永远都不能睡个好觉。怎样才能让这些孩子睡个好觉呢？我们总认为睡觉是与生俱来的能力。其实不然，睡觉是一个可以习得的能力。通过学习，即使是自闭症儿童也可以睡个好觉。这样一来，家长们也可以安心地做个好梦了。

怎样才算是睡得好呢？

（1）入睡要快；

（2）一觉睡到天亮；

（3）早上起床相对比较容易；

（4）起床后神清气爽。

为什么好的睡眠如此重要呢？

睡眠可以让孩子们好好地恢复和休息。睡不好觉，孩子们会感到疲乏、易怒，容易不小心受伤，不愿意听话，不愿意学习，更容易出现不良行为，例如自残、攻击和刻板行为。儿时长期的睡眠问题更会带来肥胖症、未成年时期行为和情感问题、成人时期焦虑以及睡眠问题等一系列问题。除此之外，孩子的睡眠质量直接影响家长们的睡眠及婚姻。

睡眠问题对于儿童来说非常普遍。35%—50%的正常发育的儿童以及63%—73%的自闭症儿童都有不同程度的睡眠问题。有些家长也许会认为随着孩子长大，这些睡眠问题就会自动消失。但事实上，睡眠问题是不会自动消失的。

吃药有效吗？

在美国，81%的儿童因为睡眠问题而向儿童医生、精神科医生以及家庭医生求助。通常医生们会给他们开处方药，但是这些处方药是没有经过食品药品监督局认可的，它们对于儿童睡眠问题的有效性也从未被研究证实。药物的有效性通常局限于帮助孩子入睡，但是却无法保证他们的睡眠质量。孩子们吃过药后，还是会经常在夜间醒来，无法入睡。家长们有时会倾向于使用药物，因为药物至少可以帮助孩子尽快入睡。但是长远看来，终止药物治疗，教会孩子如何独立入睡并在醒来后重新入睡，最终对于孩子和家长都是有益的。

我们需要解决的目标行为是什么？

常见的睡眠问题包括不愿睡觉、夜醒、入睡晚以及过早起床。而入睡，是解决睡眠问题的第一个目标行为。入睡行为受动机和环境的影响，其他强化物和夜间行为也会影响入睡行为。我们知道入睡行为的强化物是睡眠，而我们不知道的是为什么有些孩子更喜欢在下午3点睡觉而不是在凌晨3点。要回答这个问题，我们需要找出在孩子睡觉前有哪些信号预示着孩子要睡觉了，这些信号或者物品是否出现在孩子夜间醒来的时候。另外，我们还要关注的是孩子在入睡前参与的活动以及这些活动对孩子的入睡的影响。更重要的是，如果这些行为导致孩子们无法入睡，我们要找出这些行为的强化物以及行为动机。

如何评估和改善睡眠问题？

常用的睡眠评估工具包括开放式间接评估，例如 SATT（Sleep Assessment and Treatment Tool），以及睡眠记录（sleep log）。我们将在下一章介绍这些评估方法。

要改善孩子的睡眠问题，我们首先要确定最佳的睡眠时间：孩子到底需要睡多久，孩子目前的睡眠状况，以及随着孩子长大他们会睡得晚起得晚。需要注意的是,有些时候,孩子在床上的时间过长也会导致入睡难,或是无法一觉睡到天亮。相反的,无法醒来,或者白天的疲倦有可能与孩子在床上的时间过短相关。因此,确定孩子到底需要睡多少是非常重要的。

研究发现3—9岁的儿童平均每天需要10—11个小时的睡眠。当然,家长们要考虑到个体差异,有些孩子可能需要多一些的睡眠,而有些孩子并不需要太多的睡眠。睡眠的重要性毋庸置疑。睡不够会影响孩子的情绪和认知功能、积极性和注意力、适应能力以及学习和记忆力的发展。

表2 不同年龄所需要的睡眠时长

年龄	总睡眠时长	夜间睡眠时长	午睡次数
2	11小时30分钟	9.5小时	1(2小时)
3	11小时15分钟	10小时	1(1小时15分钟)
4	11小时	10—11小时	0—1
5	10小时45分钟	10小时45分钟	
6	10小时30分钟	10小时30分钟	
9	10小时	10小时	
12	9小时45分钟	9小时45分钟	
15	9小时15分钟	9小时15分钟	
18	9小时	9小时	

注:改编自 Solve Your Child's Sleep Problems, Richard Ferber, Simon & Schuster, 2006.

孩子应该几点上床睡觉？

在干预的初期，每天孩子上床的时间都应该比前一天稍微晚一点。为什么呢？我们的身体并不是按照 24 小时运作的。事实上，外界的光源和环境因素可以导致我们的身体运作于 25 小时循环。因此，我们的身体倾向于比前一天睡得晚，起得晚。如果孩子在 15 分钟内入睡，那么我们可以将上床时间提早 15 分钟。如果孩子的睡眠期出现巨大的变化，例如孩子的睡眠期延后了 4 小时以上，那么我们要考虑使用时间疗法，将每晚的入睡时间和起床时间提早 1—2 个小时（这一方法多用于年长的孩子）。

小贴士：

小心睡眠禁区：睡眠禁区指的是睡觉前的几个小时，而这几个小时通常给我们的睡眠干预带来很大的挑战。让孩子在睡眠禁区时间内上床睡觉经常会引起孩子的哭闹和其他影响睡眠的行为。有效避免睡眠禁区需要家长们掌控孩子目前的睡眠状况。

养成良好的睡前习惯

帮助孩子养成良好的睡眠习惯，并保持睡前行为的稳定性对于入睡非常重要。在说晚安之前，家长们要注意下列事项：

1. 帮助孩子结束积极活跃的活动，转而进行较为被动安静的活动。使用图片交换交流系统会有很大的帮助。下一章中我们会详细介绍图片交换交流系统的使用。
2. 尽早运动和洗澡，这样可以避免较大的体温变化。
3. 使用昏暗的灯光，帮助褪黑素的分泌。
4. 孩子们可以在睡前食用少量的不含咖啡因的零食。

创造良好的睡眠环境

为孩子创造良好的睡眠环境对于帮助入睡也是非常重要的。首先要确保卧室的温度不要过热，稍微偏凉爽为宜。其次，避免光源直射，将昏暗的夜灯放在床下可以避免灯光影响孩子的睡眠。另外我们要考虑的是声音，完全安静或者使用波动噪音都不可取，我们需要的是非波动噪音，例如白噪音。最后家长们一定要注意的是，把孩子喜欢的玩具放在他们看不见的地方。

优化睡眠依赖性

很多时候当孩子们夜间醒来时发现让他们睡着的人或东西不见了,就会因此出现无法重新入睡以及影响睡眠的行为。在帮助孩子们入睡时,我们要注意,家长应该在孩子没睡着之前离开卧室,而帮助孩子重新入睡的东西应出现在夜间而且可以被移动。例如:枕头、毛毯、毛绒玩具、奶嘴、白色噪音等。帮助孩子优化睡眠的依赖性可以帮助他们独立入睡,解决夜间醒来无法入睡的问题,以及改善其他影响睡眠的夜间行为。而家长在孩子入睡前离开房间可以帮助孩子养成独立入睡的习惯,而家长也无需在孩子醒来的时候再次进入房间帮助孩子入睡。

解决影响睡眠的行为

在改变孩子睡眠习惯的过程中我们无可避免地会遇到孩子一系列的抵制行为,例如:哭闹、在床上玩耍、起床,或者找爸爸妈妈等。我们需要考虑这些行为的加强物是什么,是家长的注意力?某一特定的食物或饮料、电视或者玩具、感官刺激?还是逃避黑暗的卧室或是噩梦?

一旦确定了相关的强化物,家长们便可以在睡前提供相关的强化物。而在上床之后,即使出现了影响睡眠的行为,家长们也要避免提供这些强化物。我们可以使用一些小技巧来帮助解决这些问题，例如逐渐延长等待时间、使用睡眠通关卡等。我们会在下一章详细地讲解这些干预方法的使用。

如何解决夜醒问题

如果家长们能够帮助孩子养成良好的睡眠习惯并优化睡眠依赖性，夜醒问题也就迎刃而解了。如果夜醒问题持续出现，家长们可以尝试在夜醒出现前 15—30 分钟左右叫醒孩子。之后，家长们可以延长间隔时间直到叫醒时间与孩子早上醒来的时间一致。提前叫醒孩子同时也适用于因为做噩梦而夜醒的孩子。家长们可以使用震动模式的定时器在孩子进入噩梦之前叫醒孩子，从而避免孩子做噩梦导致夜间惊醒。

总结下来，保证孩子睡个好觉关键要考虑以下几点：养成良好的作息时间和睡前习惯，创造良好的睡眠环境，解决和优化睡眠依赖情况，以及避免加强影响睡眠的行为。

如何让宝贝们睡个好觉（二）

豆豆4岁半了，每天晚上睡觉时间是豆豆妈妈最头疼的时间。豆豆妈妈的烦恼是什么呢？原来豆豆一定要和妈妈一起睡，否则豆豆就大哭大闹不肯睡觉。不仅如此，豆豆常常凌晨2点多醒来，一旦醒来，豆豆又要找妈妈，还要妈妈哄他给他喝牛奶才肯再回去睡觉。豆豆晚上睡不好，白天便要睡午觉，而豆豆妈妈已经很久没有睡过一晚好觉了。和豆豆妈妈一样为孩子的睡眠而头痛的家长还有很多。那么家长们要怎么做才能让孩子和自己都睡个好觉呢？

我们接着上一章继续为家长们介绍一些实用而有效的干预方法。

首先，家长们要确定孩子是睡眠出了问题而不是其他问题。一旦确定是睡眠问题，家长们便要找到问题在哪里。我们常用的一个有效的方法是为孩子创建一个睡眠记录。在睡眠记录中，家长应记录孩子每天上床的时间、入睡的时间、夜间起床的次数和发生的时间，以及夜间的不适当的行为（例如哭闹）。下面的记录表可以供家长们参考，在实际应用中，家长们应根据孩子的需要进行调整。除此之外，现在也已有很多育儿相关的手机应用可以帮助家长们方便快速地录入这些数据。

表3 睡眠记录示意表

日期	上床时间	入睡时间	睡前行为及后果	夜间醒来行为及后果	夜间醒来时间	午睡时间
周一						
周二						
周三						
周四						
周五						
周六						
周日						

其次,确定目标。找到问题所在之后,家长们要为孩子们定下明确的目标。比如:缩短上床到入睡时间,独自睡觉,养成良好的睡前习惯和起床习惯等。下面针对上述三个目标为家长们介绍一些有效的干预方法。

如何缩短入睡时间

1. 系统调整上床时间

根据孩子前一夜入睡所需要的时间来确定当日的上床时间。如果前一天孩子在上床后 15 分钟之内入睡,那么当日的上床时间就要提早 15 分钟。相反,如果孩子上床后 15 分钟还没有入睡,那么当日的上床时间就要延后 15 分钟。如此一来家长会找到孩子最佳的上床时间从而缩短孩子从上床到入睡的时间。

2. 反应代价

当问题行为(例如:哭闹、不肯听话)发生时,家长们可以使用反应代价来帮助孩子遵守睡眠时间,按时上床睡觉。比如,当孩子不肯上床睡觉时,他会失去一定数量的代币,或者某个玩具。当孩子上床之后 15 分钟内没有入睡,家长可以让孩子下床,1 小时之后再次让孩子上床,反复此步骤,直到孩子可以在上床后 15 分钟内入睡。

独自睡觉

很多小朋友在入睡时都要爸爸妈妈哄着睡觉,而家长们也都倾向把孩子哄睡着了再离开孩子的房间。在前一章中我们说过家长们应该在孩子睡着前离开房间,这样家长的存在就不会成为入睡的必要条件,从而有利于培养小朋友们独立睡觉的能力。在训练的过程中,孩子们会不可避免地出现抵制的行为,例如哭闹、不睡觉,等等。家长们在确定孩子的行为不是因为生病、怕黑或者噩梦一类的之后,便可以考虑使用以下的一些干预策略。

1. 基于时间的查看（time-based visiting）

培养小朋友独立睡觉的能力并不代表一次性将爸爸妈妈完全从小朋友的睡眠准备过程中移除。在开始的阶段家长们还是可以进入房间查看孩子的，之后的每一次查看，以及之后的每一天都要慢慢延长等待的时间。

表4 睡眠查看时间表

天数	首次查看	2次查看	3次查看	4次查看	5次查看	6次查看	7次查看
第一天	10秒	30秒	1分钟	3分钟	5分钟	10分钟	30分钟
第二天	30秒	1分钟	3分钟	5分钟	10分钟	30分钟	
第三天	30秒	3分钟	5分钟	10分钟	30分钟		
第四天	1分钟	3分钟	5分钟	10分钟	30分钟		
第五天	1分钟	5分钟	10分钟	30分钟			
第六天	5分钟	10分钟	30分钟				
第七天	5分钟	30分钟					

*引自 Hanley. G. P.（2014）Understanding and Treating Sleep Problems of Children with Autism

2. 睡前通行卡

睡前通行卡是家长们可以使用的另外一种干预方法。爸爸妈妈可以给小朋友们一张特殊的卡片，允许他们在家长离开房间之后使用这张卡片满足自己的一个愿望或者请求。制作通行卡是非常简单的，家长们可以使用孩子们喜欢的玩具或者卡通任务的图片，或者是在空白的卡片上写上通行卡（适合于识字的孩子）。初始阶段，孩子通常会有很多反抗行为，如果这样，爸爸妈妈们可以给孩子3—5张通行卡，而在之后慢慢减少到1张通行卡。

3. 行为合约

家长和孩子可以一起制定一份行为合约，明确孩子的行为目标以及完成行为目标后孩子可以获得的奖励。比如：如果妈妈离开房间之后，宝贝不哭闹，宝贝就可以获得一辆托马斯火车玩具。需要注意的是，行为合约要针对目标行为制定，家长们提供的奖励一定要是孩子们十分想要的东西。

4. 故意忽略

有些孩子在家长离开房间后会通过哭闹、下床等来获取家长的注意力。这时候，家长们应该立即把孩子带回床上然后离开房间，好像什么事情都没有发生一样。在这期间，家长们要避免眼神接触，不要回答任何问题或进行任何对话行为。

过一段时间，孩子就会发现哭闹等行为并不能获取家长的注意力，这些行为也就会慢慢消失了。

5. 行为消退

在行为分析中我们常提到强化物。各种行为的发生无非是为了获取强化物，一旦强化物不在了，行为最终就会消失。在帮助孩子学会独自睡觉的时候，家长们要找到孩子问题行为的强化物，而在此情况下，获取家长的注意通常是孩子哭闹行为的强化物。一旦家长不再对孩子的哭闹作出反应,那么哭闹行为最终会消失。如果强化物有其他来源,家长们在行为消退的时候要确保孩子的行为无法获取其他强化物。

在行为消退的过程中,有些孩子会有强烈的哭闹行为,或者祈求和爸爸妈妈一起睡,此时,家长们要循序渐进地运用行为消退。首先,家长们要忽略孩子的哭闹,如果3—5分钟后,哭闹没有停止,家长可以进入孩子的房间,把孩子放到床上。注意不要试图哄孩子睡觉。把孩子放回床上后,离开房间。3—5分钟后如果孩子还在哭闹,再次查看孩子,并把孩子放回床上。持续此步骤直到孩子停止哭闹。家长逐渐地延长忽略的时间(例如:由3—5分钟延长到8—10分钟)。

小贴士:

在使用故意忽略和行为消退初期,家长们很可能会遇到行为爆发的状况,例如,孩子的哭闹没有削减反而愈发严重了。这种情况是非常普遍的,家长们不要担心。这是由于孩子的不当行为在过去获得过很强的强化物,而行为暂时性的爆发也是为了获取之前得到的强化物。问题行为最终会随着强化物的消失而消失。

另外,家长们还会发现有些问题行为在消退后还会自发恢复。家长们只要确保问题行为无法获得强化物,那么这些问题行为就会再次消失。

养成良好的睡前和起床习惯

每天睡觉前和起床后,孩子要学会洗漱、脱/穿衣服等一系列行为。那么如何教会孩子养成这些习惯呢?

1. 使用图片提示系统

在一开始教孩子学习新的技能的时候,家长们可以使用图片提示系统和肢体提示,手把手地教会和引导宝贝们按照提示洗漱、换衣服,然后上床睡觉。然后家长们要逐渐减少手把手的肢体接触,使用手势提示,帮助孩子按照图片的提示完成睡前的一系列行为。当孩子熟悉了这些行为之后,家长们不再需要提供手势提示,孩子只需要按照图片的提示即可自行完成睡前的洗漱等行为,从而达到爸爸妈妈们的最终目标,即让宝贝们独立地完成所有的洗漱、换衣等行为。慢慢地,有一天家长们会发现宝贝们连图片都不需要就可以自己完成所有的睡前准备。

2. 代币系统

上一章中简单地介绍了代币系统使用。现在我们来看一下如何使用代币系统来帮助自闭症儿童养成良好的睡前习惯。爸爸妈妈们可以将代币系统和图片提示系统结合使用。首先,当孩子刚开始学习睡前的一系列行为时,每完成一个行为,爸爸妈妈们就可以给宝贝们一枚代币。当孩子可以独立完成所有行为时,爸爸妈妈们可以等到宝贝们完成了所有的行为后再给他们一枚代币。当宝贝们存够了一定数量的代币,他们就可以选择兑换自己想要的奖励。

如果孩子对于代币系统很熟悉,爸爸妈妈甚至可以教他们通过给自己贴贴纸的方式为自己积攒代币。即当孩子完成一项活动时,鼓励他们把活动图标移到已完成一栏,并在代币贴纸处给自己一枚代币贴纸。

表5 图片提示系统

目标活动	已完成	代币贴纸
(裙子图)	✓	☺
(睡觉图)	✓	☺

小贴士:

1. 家长们要避免将孩子卧室变成让孩子工作学习的地方。
2. 避免在卧室对孩子进行惩罚。
3. 让孩子在家中的不同地方玩耍。
4. 保持相对稳定的日常习惯。

研究发现,睡眠干预的有效率高达 94%,80% 的自闭症儿童通过 3—6 个月的干预之后都会有显著的进步。相信我们在本章和上一章中介绍的方法一定可以让星星的孩子和爸爸妈妈们睡个好觉。

轻松告别纸尿裤

我的班上曾经有 4 个小朋友需要学会使用卫生间，3 个女孩 1 个男孩，最小的 3 岁，最大的 4 岁半。对每个小朋友进行单独训练过于耗时，于是我决定搞一个卫生间集中训练营。家长们非常配合地提供了各种所需的材料，于是我们开始了长达一个月的训练营。4 个孩子每天一到学校第一件事就是找到自己的移动式小座便然后开始一天的征程。好在有小伙伴的陪伴，孩子们很喜欢这个如厕训练营，无论是谁先成功排尿离开座便都会收获小伙伴们的欢呼，而还坐在座便上的小朋友，也是更为加油早点离开座便获得奖励而努力。一个月后，4 个小朋友都成功学会了使用卫生间。

很多小朋友到了上幼儿园的年纪还是依赖纸尿裤。家长们费尽口舌可是却没有幼儿园愿意接受不会自己上厕所的孩子。教会孩子使用卫生间变成了让家长头痛的难题。

下面我们就来为各位爸爸妈妈讲解教会孩子使用卫生间的五个步骤。同时我们要提醒各位家长和老师，下面要介绍的这种训练小朋友使用卫生间的方法适用于所有的需要学习使用卫生间的小朋友。如果正常发育的小朋友通常自然而然地就能学会并养成使用卫生间的习惯,那么通过下面要介绍的方法可以让学习过程更为快速有效,很多正常发育的小朋友只要一个周末就可以学会。而对于自闭症小朋友来说,这种方法在 ABA 教学领域使用广泛,并已得到众多临床和学术研究的支持。

这种方法,我们称之为如厕集中训练(Rapid Potty Training),它是通过 ABA 的基本原则教会小朋友们使用卫生间的有效干预方式。那么要成功使用这一训练方法,需要哪些先决条件呢?

条件 1:你的孩子在生理发育方面准备好了吗?

要教会小朋友使用卫生间的一个前提是,要弄清楚孩子是否可以有意识地控制自己的膀胱。换句话说,孩子能憋尿了吗?能憋多久?如果孩子的膀胱肌没有发育好,那么就是说学习使用卫生间还为之过早。那么如何判断孩子是否具备了膀胱控制呢?采集数据就是一个有效的方法。从给孩子换上干净的纸尿片开始,每 30 分钟查看一下孩子是否有排尿。采集大概 3—5 天的数据之后,家长们应该就会知道多久排尿一次。如果孩子可以保持 90—120 分钟不排尿,那么就说明孩子在生理上已经准备好了。

小贴士:

在采集数据时,如果你的宝宝可以回答"是/不是"类的问题，家长们可以直接问问孩子是否有排尿或者纸尿片有没有湿，然后再检查，这样一来家长们就可以知道孩子是否对排尿或干湿有一定的意识。

条件2：使用卫生间的基本步骤孩子已经学会了吗？

这里所指的基本步骤并不是使用卫生间的所有步骤，我们在这一阶段关注的是孩子会脱裤子和提裤子吗？教会孩子使用卫生间不仅仅是坐在马桶上排尿和排便，使用卫生间包括一整套的步骤，而脱/提裤子是非常基本的步骤。与其等到真正教孩子使用卫生间的时候再教他们如何脱/提裤子，家长们可以一早就锻炼孩子们自己脱裤子和提裤子的能力。比如在给孩子换纸尿片的时候，家长们可以试着让孩子们来完成脱/提裤子的两个步骤。

满足了上述两个条件后，我们再来说说如厕集中训练所需要的材料。依据孩子的年龄和身材的大小，家长们可以选择教孩子使用成人座便马桶，或是在成人马桶上放置儿童坐垫。如果家中已经置备了给孩子使用的儿童座便，或是儿童移动式座便器也都是可以的。儿童移动式座便器的一个缺点是家长们在教会孩子使用移动马桶座便器后还要再让孩子们适应使用卫生间的马桶，而且如果想要在教会孩子使用马桶的同时学会相关的其他技能，例如洗手，也会有些困难。准备好了马桶之后，还需要准备好大量的水或果汁，只有摄入充足的液体，才会增加排尿的次数，而次数多了，孩子才有可能学会如何使用卫生间。液体有了，可是孩子不喝怎么办，准备好孩子喜欢同时又会让孩子感到渴的零食或食物，如虾条、薯片、锅巴等。另外还要准备好计时器、儿童底裤、舒适宽松的裤子、拖鞋、孩子喜欢的书、玩具、动画片等等。

材料准备就绪，如厕集中训练的步骤有哪些呢？

1. 把孩子带到卫生间，让孩子自己脱下裤子，舒服地坐在马桶上。如果孩子不肯进入卫生间，家长可以尝试在卫生间放置孩子喜欢的玩具、图画书或动画片等。孩子需要一直坐在马桶上，直到他/她成功排尿。由于小朋友可能在马桶上坐一段时间才会排尿，家长们可以在这期间给他们讲故事、唱歌，或者带他们做小游戏，同时要保证孩子摄入大量水分。

2. 孩子在马桶上成功排尿之后要给予他们最大的奖励。这里所说的奖励不是家长们眼中的奖励而是要给予孩子们想要或是喜欢的东西，可以是玩具、儿童书籍，也可以是孩子喜欢的活动和游戏。

3. 孩子成功如厕后可以离开卫生间，获得奖励。在进行卫生间使用训练的时候，家长一定要给孩子穿底裤而不要再给孩子穿纸尿片！这一点非常重要。从孩子离开卫生间开始计时 30 分钟，然后查看孩子有没有尿裤子。如果孩子的底裤保持干燥，那么孩子即可获得赞赏。然后再次引导孩子回到卫生间坐在马桶上。如果在离开卫生间的任何时刻，孩子尿裤子了，那么家长需要中断一切的奖励，引导孩子自己换衣裤，并且再次坐回马桶上。严格来说，孩子尿裤子之后是应该接受惩罚的，但是如何惩罚可以因人而异。如果是大一点的孩子，可以要求他们自己用冷水洗底裤。这里惩罚的目的是要让孩子认识到尿裤子是一件不好的事情。而由于小朋友对语言理解有局限性，家长们要以实际的惩罚措施（与尿裤子相关为好）来帮助小朋友加强认识。

4. 通常如果孩子可以保持5天在卫生间顺利排尿而没有尿裤子的话，那么孩子已经基本学会了使用卫生间的技能。

5. 当孩子完全可以自己使用卫生间的时候，他们将不再依靠成人的引导，而是因自己的需求而使用，或是告诉家长自己需要使用卫生间。

大卫是一个4岁的男孩，但是由于生理发育障碍而无法使用有声语言表达使用卫生间的需求，老师在教室的门上贴上卫生间的图片并在每次大卫去卫生间之前教他指向这张图片，久而久之大卫学会了指向图片来告诉老师他需要去厕所。后来，大卫的妈妈给大卫买了iPad和Proloquo2go应用软件，于是老师在他的词汇库中加入了卫生间的图片，而大卫也学会了用iPad应用来告诉老师他需要使用卫生间。对于可以说话的小朋友来说，家长们可以在小朋友每次去卫生间前教授仿说"妈妈/爸爸，我要去厕所"，直到小朋友们可以独立地告诉家长他们使用卫生间的需求。

我建议家长们可以在周末或假期对孩子进行这种集中强度的如厕训练，有些家长可能由于客观原因无法实施，那么也可以将训练方式稍作变化，每30分钟带孩子去一次卫生间，然后再逐渐增加时间的间隙到

图 7 如厕的乐趣

45 分钟、60 分钟……一直到每 2 小时带孩子去一次卫生间。与集中训练方法相比，这种方法较为耗时，而效果也可能对于大多数自闭症小朋友来说不是很明显。很多时候，还是需要使用集中训练才能教会小朋友成功使用卫生间。无论使用哪种方法，家长们都要确定孩子是否已经准备好，一旦开始训练最好要坚持下去。最终我们希望孩子可以用语言或是手势告诉家长他们使用卫生间的需求并且可以独自使用卫生间。

小贴士：

在进行如厕训练的时候，家长们可以充分利用代币系统来加强孩子们的行为。图 8 所示的如厕贴纸就是一个使用代币来加强如厕行为的例子。一开始的时候，孩子每成功完成一个步骤都应该得到奖励。随着训练的进行，当孩子攒齐了所有的贴纸时，就可以换取一个自己想要的、比较大的奖励。贴纸的数量并不一定要与示意图中的数量相同，应当根据孩子的能力进行调整。

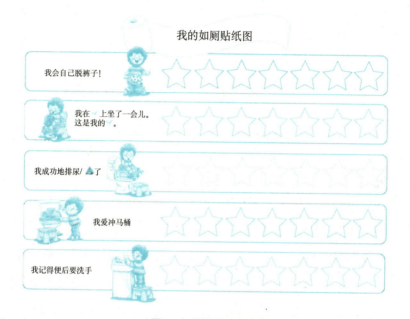

图8　如厕训练贴纸图

不吃饭 怎么办

我的班上曾经有个小女孩名叫娜娜,她不吃饭,只喝巧克力牛奶。每到午饭时间,她就会第一时间把巧克力牛奶喝掉,然后完事大吉对午饭置之不理。娜娜的妈妈非常着急,她的儿科医生告诉娜娜妈妈,对于娜娜的年龄来说她的体重过轻。为了解决娜娜不吃饭只喝牛奶的问题,我们把娜娜的牛奶放到了她看得见却够不到的地方,到了吃饭时间,我们告诉娜娜她要先吃饭再喝牛奶,如果她不吃饭那么她也不能喝巧克力牛奶。第一天,她哭了好久都不肯吃饭。我们决定让娜娜的好朋友安安来帮助她,安安和娜娜总是带一样的午饭,于是我们让安安先吃一口,再喂娜娜吃一口,然后老师给娜娜喝一口巧克力牛奶。就这样,从来不在学校吃饭的娜娜居然第一天就吃完了妈妈给她准备的午饭。一周之后,娜娜已不再需要好朋友安安的帮忙,开始自己用勺子吃饭。大概三周后,娜娜已经可以自觉地把牛奶放到一边,吃完饭后再喝牛奶了。

吃饭是一个非常重要的生存技能。如何让孩子们乖乖地吃好饭是让很多家长头疼的问题,不论是正常发育的小朋友还是有特殊需求的小朋友,都会让爸爸妈妈们为他们吃饭的问题伤脑筋。那么如何才能让小朋友们养成良好的进食习惯呢?

我们先来介绍一下喂食的基本原则。首先,孩子们每天吃饭的时间要相对固定,这样会比较容易让一日三餐按时吃饭成为孩子们日常生活的一部分。如果家长和孩子们吃饭不定时,那么家长们要做的第一件事情就是要和孩子一起按时用餐。在养成按时吃饭习惯的同时,家长还应注意要帮助孩子养成良好的进食习惯。小朋友要坐在儿童椅子上在餐桌或者儿童餐桌上用餐。追着孩子喂饭对于孩子进食来说是有害无益的。只要孩子自己能吃饭,哪怕是用手抓饭,都不需要家长喂食。

第二,减少零食的摄入。在三餐之间如果给孩子摄入大量的零食,孩子的胃填饱了,到了吃饭的时间自然就不想吃饭了。孩子每天可以有吃零食的时间,但是和吃饭时间一样要有定时,并且要定量。

以上介绍的是喂食和进食的基本原则,可是生活中家长们会遇到各种各样的喂食和进食问题,下面给家长们介绍几个简单的方法来解决这些问题。

普列马克原理(Premack Principle)

挑食是喂食训练中很常见的一个问题。通常来说,孩子们喜欢吃零食,却不喜欢吃饭;有些孩子喜欢吃肉却不喜欢吃蔬菜水果。解决这种由于喜好偏差而导致的喂食问题,家长们可以使用普列马克原理,又叫"祖母原则"。这一原理是指利用高频活动来强化低频活动从而促进低频活动的发生。简单地说也就是先让孩子吃不喜欢吃的健康食品,比如说米饭、蔬菜,然后再吃自己喜欢吃的食品,比如零食、肉制品。家长们对于孩子不同程度的挑食,要使用不同的配比。如果孩子从未尝试过吃蔬菜,那么在配比的时候,孩子们每吃一口原本不喜欢的食物,就可以吃一口自己很喜欢的食物。如果孩子对食物的反感并不是很强烈,家长们可以让孩子先吃完不太喜欢吃的食物,然后再享用自己喜欢吃的食物。普列马克原理在 ABA 的喂食训练中使用广泛,其效果也已被众多临床实践和科学实验证实。

小贴士:

很多孩子出现挑食行为,是由于家长们没有在孩子很小的时候扩充他们的饮食种类。一味地按照孩子的口味准备食物,很容易造成孩子日后挑食。因此,在孩子一开始吃辅食、主食的时候,家长们就要尽可能地帮孩子准备不同的食物,帮助他们接受和尝试不同口味和材质的食物。

同伴干预(Peer Mediation)

除了普列马克原理,家长们还可以尝试借助其他小朋友的帮忙来进行喂食训练。与普列马克原理相似的是,这一方法同样适用于正常发育却不喜欢吃饭的小朋友。1991年,Greer教授和他的学生们用这种方法成功地教会了一个年仅18个月的患有胃食管反流病的婴儿独立吞咽食物。在实验中,研究者为患儿和他5岁的姐姐准备了同样的餐具,以及代币装置。患儿的姐姐在试验中扮演同伴的角色。研究者们先教会了患儿的姐姐如何作为榜样缓慢地有步骤地独立进食。然后,姐姐示范独立进食和吞咽,姐姐的每一次的进食和吞咽都会赢得一枚代币,用来兑换糖果、零食、额外的电视时间和其他姐姐喜欢的活动。研究者们先成功地教会了患儿通过观察姐姐吞咽和获得奖励使用吸管吞咽流食,进而又教会了患儿吞咽固体食物。当患儿像姐姐一样吞下食物时,全家人都会为他欢呼,而且患儿也会得到代币并可以兑换他喜欢的食物或玩具。如果患儿并不尝试吞咽,他盘中的食物就会被移走。

如何在家里使用同伴干预

1. 家长们要确定目标行为,比如独立进食(不再依靠家长喂食),独立吞咽(不再依靠食管等外界器具),或者坐在餐桌边进食(不再需要家长追逐喂食)。

2. 家长们需要选定一个年纪相近的可以作为榜样的小朋友。这个同伴榜样可以是孩子的兄弟姐妹,或者是孩子的同学朋友。在选择同伴榜样的时候最好选择具有目标行为的小朋友(小朋友已经可以独立进食,独立吞咽,或坐在餐桌边吃饭),这样家长们就不需要先教同伴小朋友了。

3. 进行同伴干预需要以下材料:两份相同的食物和餐具,两份相同的代币装置(代币桶或代币盒),代币。如果孩子或同伴从未使用过代币,家长们可以使用孩子跟同伴都喜欢的零食或者玩具。

4. 在进行同伴干预的过程中,孩子和同伴并肩或对面而坐,先由同伴榜样示范目标行为,同伴示范之后获得一枚代币、零食或玩具。孩子观察同伴的行为和受到的奖励之后,如果模仿同伴的目标行为,即可获得跟同伴一样的奖励,否则,同伴重新示范,而目标小朋友不能得到奖励。重复同伴示范目标儿童模仿的循环,直到目标儿童模仿目标行为。

图 9　小朋友独立进食

小贴士:

1. 同伴干预法中同伴一定要能够成功做出示范。

2. 目标儿童要能够观察到同伴的行为并且想要同伴获得的奖励。同伴干预对于没有观察行为的儿童并不适用,这种情况下可考虑使用另外两种干预方式。

3. 奖励一定要是目标儿童喜欢的食物,或者玩具。如果目标儿童有过使用代币的经验最好使用代币。使用代币时,一定要确保孩子们可以兑换代币。

4. 当目标儿童成功模仿目标行为时,家长们除了提供物质奖励还要给予孩子精神奖励,例如拥抱、亲吻、鼓掌,等等。

5. 家长们还可以根据自己孩子的具体情况对同伴干预做出适当的改变。比如,在初次向孩子介绍某种食物的时候,家长们不仅可以让孩子观察同伴榜样的行为,并且可以由同伴来进行喂食。对于一些孩子来说,同伴们比家长们更有影响力。

6. 在使用同伴干预时,家长们要注意夸奖同伴的目标行为而不是同伴。避免让孩子在心里产生抵触同伴的想法。

代币系统

除了上述的两种干预方法,前面介绍的代币系统作为 ABA 中常用的干预方法可以用于解决许多行为问题,包括进食问题。简单来说,家长们首先要确定目标行为,然后每当孩子做出目标行为的时候,孩子就可以获得代币,代币可以用于兑换孩子喜欢的零食、玩具或者活动(例如看电视、玩游戏)。

小贴士:
1. 兑换是代币系统的关键步骤!
2. 家长们要信守承诺不要拖延或者否定代币的兑换。

通过这一章的介绍,相信家长们对于喂食吃饭的干预方法也有了一定的了解。总体说来,我们要先排除孩子在生理上的问题包括口腔肌肉和吞咽功能的发育障碍。在排除了生理发育的问题后,家长们可以使用本章介绍的几种干预方法帮助孩子养成良好的进食习惯。

本章参考文献:
Greer, R. D., Dorow, L., Williams, G., McCorkle, N., & Asnes, R. (1991). Peer-mediated procedures to induce swallowing and food acceptance in young children. Journal of Applied Behavior Analysis, 24(4), 783-790.

图片交换交流系统

豆豆今年3岁了还是不会讲话,偶尔会发出一些吱吱呀呀的声音,可是爸爸妈妈听不懂他到底在说什么。豆豆经常哭闹,不听话,甚至会通过打人来获取父母的注意。很多自闭症儿童都会有像豆豆这样的行为,这些行为很多时候是源于他们无法和爸爸妈妈交流,没有办法让别人听到他们的声音。这时候,家长和老师就要考虑使用图片交换交流系统了。

图片交换交流系统,最早是1985年由美国的Bondy和Front提出的。通过这套系统,小朋友可以学会使用图片和他人交流。这一系统的出现,对于很多由于各种原因无法通过有声语言和他人交流的小朋友来说,是个福音。下面我们一起来学习如何使用图片交换交流系统,以及其他比较常用的沟通辅具(Augmentative and Alternative Communication,简称AAC)。

使用图片交换交流系统需要哪些材料?

既然是图片交换交流系统,那么最重要的材料就是图片。家长们可以购买带有清晰图片的卡片,例如识字卡片,或者也可以自己制作图片。图片的清晰度很重要,另外最好为图片塑膜以延长图片的使用寿命。

图片交换交流系统本身分为6个训练阶段:(1)以物换物;(2)增强交流的主动性自发性能力;(3)辨认正确图卡;(4)学习句型结构;(5)回答基本问题;(6)发表评论。

在使用图片交换交流系统之前,我们要先做一些准备工作。首先,我们要找到有效的强化物,然后针对这些强化物制作相应的图片。同时为保证这些强化物的有效性,我们要控制对目标强化物的使用,也就是说小朋友只有在使用图片交换交流系统时才有机会得到这些强化物。另外老师和家长要为孩子们创造足够的机会来使用图片交流系统。在进行教学之前,家长和老师一定要确保制作足够多的图片,以及替代图片。试想如果小朋友想要乐高玩具,可是乐高玩具的图片却不见了,那么我们就等于剥夺了小朋友好不容易才找到的表达自己愿望的声音,而图片交流系统的使用也就失去了意义。

那么如何才能找到适合孩子的强化物呢?最简单的方法就是在日常生活中观察孩子的喜好。如果小朋友看到某样东西伸手去拿,或者抢其他小朋友的玩具,玩的时候显示出极大的乐趣,或者被家长拿走某样东西后及其难过,那么显而易见,强化物出现了。另外,家长和老师可以使用强化物测试表来检测孩子对潜在强化物的喜好。比如,家长和老师可以向孩子展示一系列的潜在强化物,例如8种不同的玩具,孩子可以自由选择任何一种玩具，但是每次只能选择一个玩。当孩子玩了2分钟后，家长把这一强化物放到一边，然后让孩子在剩下的玩具中再选一个，如此类推直到孩子完成选择。这种方法可以帮助家长和老师确认孩子的潜在强化物。

一切准备就绪，我们就可以开始图片交换交流系统使用训练了。在第一阶段，我们需要两个成人，一个为训练师，另外一个为语伴。同时家长和老师要注意保持图片表示的一致性，一张图片代表一个物件或者活动，不可以随意更换替代。另外保持魔术贴的一致性也会为未来减少很多麻烦。在第一阶段，我们的目标是教会孩子使用图片来表达自己的需求。为了达到这一目标，家长们要为孩子创造足够多使用图片来进行请求的机会。在制造使用图片机会的时候，我们建议家长和老师有所准备和打算。例如，家长可以按照孩子的一天进行分类，在起床的时候制造哪些使用机会，在吃饭的时候制造哪些使用机会。家长们可以将自己的计划记录下来，一天下来比照一下哪些机会用到了，哪些机会被遗忘了，那么第二天再加以改进。在每个图片交流机会出现的时候，担任训练员的家长或老师要提醒孩子或者示范孩子使用图片，即找到相应的图片然后交给担任交流员的家长或老师，担任交流员的老师或家长就可以为孩子提供相应的强化物。

一旦小朋友们掌握了使用图片来表达自己的需求和愿望的技能，我们就可以进行下个阶段的训练。在这个阶段我们的目标是教会孩子独

立获取交流者的注意力并学会举一反三。 我们要增大距离和难度,让孩子与不同的交流者,在不同的地点使用图片交流不同的需求。要实现这个目标,我们要为孩子准备自己的图片交流本。在这个交流本里用魔术贴贴满孩子的强化物,然后帮助孩子养成习惯随身携带自己的图片交流本。

在第三个阶段,我们不仅要求孩子使用图片交流,同时要求他们选择正确的图片并独自完成以下步骤:打开图片交流本→选择相应的图片→交给交流者。在这个阶段孩子们要完成两个区分:区分强化物和非强化物,区分多种不同的强化物。当孩子使用了错误的图片时,老师和家长可以使用四步纠错法:(1)提供正确的示范;(2)提示;(3)互换,即给孩子机会使用图片;(4)重复。

到目前为止,小朋友们已经学会了使用相应的图片进行请求和交流,但是一张图片只代表一个词,我们下个阶段的目标是教会孩子使用句子和修饰语。我们可以从教授"我想要_____"开始。在孩子的图片交流本上加入"我想要"这一短语,然后教会孩子如何使用这个短语和相应的图片来造句。我们还可以使用图片来教孩子使用修饰语。当然同制作强化物的图片一样,我们先要找到孩子感兴趣的修饰语有哪些。比如豆豆喜欢要一大块蛋糕,球球喜欢红色的气球,娜娜喜欢软软的毛绒小熊。一旦找到了孩子可能用到的修饰语,我们就可以做成图片加到孩子的图片交流本中。我们甚至可以教孩子们使用复合式的修饰语。

到了第五阶段，小朋友们已经可以使用图片交流系统表达自己的需求和愿望。现在我们要教他们回答"你想要什么"。在这个阶段我们会常常使用到零延迟提示，也就是在交流者提出问题后，训练员立即示范小朋友如何使用图片来回答问题。我们慢慢地将零延迟变成延迟1秒、5秒，然后完全移除提示，要求小朋友们独立使用图片来回答问题。

第六阶段，也是图片交流系统的最后一个教学阶段。这个时候我们的目标就不仅仅是教会孩子们使用图片来表达自己的需求和愿望了，我们还希望他们可以发表评论和回答更多的问题，例如"你看到了什么"、"你听到了什么"、"你感受到了什么"、"这是什么"。零延迟提示在此阶段也是可以使用的。

小贴士：

1. 教会小朋友们回答是/不是，以及请求帮助，要求休息，都是非常实用和重要的。这些功能性的交流可以很大程度上减少由于无法交流而导致的问题行为。

2. 如果小朋友想要的强化物是家长不想提供的东西怎么办？千万不要因此就夺走孩子的图片交流本，剥夺他们好不容易才获得的声音。家长们要告诉孩子，他们不是一定能够得到自己想要的东西。有些时候要耐心等待，而有些时候要通过自己的努力来争取。

3. 既然图片交流本是孩子的声音,那么我们要确保孩子的声音一直都跟随着他们。

4. 学习图片交换交流系统并不代表放弃有声语言交流,两者可以同步进行。有声语言是最有效的交流方式,不要放弃对有声语言的训练。

总结说来,图片交换交流系统适用于各个年龄的人群。它的目标是教会孩子们进行功能性的语言交流。在使用图片交换交流系统之前,家

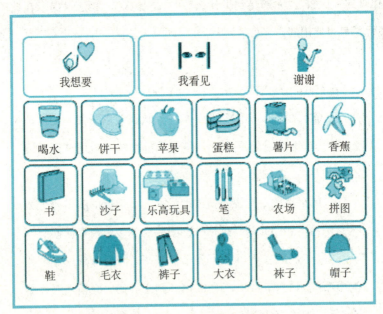

图10 图片交换交流系统示意图

长和老师要确定小朋友有配对的能力,因为图片交换交流系统要求孩子将图片与他们想要的实物配对,通过使用图片来表达自己的需求。在教学过程中,家长和老师切不可急于求成。一定要确保小朋友在当前阶段达标后再进行下一个阶段的训练。图片交换交流系统的训练要求老师和家长付出时间和心血,并要坚持不懈。如果您准备好了,那就开始行动吧!

小贴士:

目前很多手机和平板电脑都已经可以安装沟通辅具应用软件。

下述英文软件在美国很受欢迎:

1. Proloquo2go: 在手机和平板电脑上的完整的图片交换交流系统应用,适合能够熟练使用触摸屏的孩子。

2. Tobii Dynavox: 除了普通的触控,孩子们还可以通过眼控来交流。 此应用可以通过对孩子眼神的追踪来实现交流的功能。 如果孩子的眼神停留在某个图片上,应用就会说出该图片的名字。

3. BIGmack Communicator: 适合沟通辅具的初学者。 该工具只有一个大的按钮,通过触摸按钮,孩子可以获取他人的注意并表达自己的需求。

刻板行为一定要消除吗

大伟今年4岁了,被诊断为自闭症。大伟非常聪明,学东西很快,可是每当他兴奋或者不高兴的时候,他总是边发出呜呜的声音边不停地拍手。大伟的妈妈不知道该怎么办才好。

乐乐就要开始上幼儿园了,可是他喜欢咬自己的衣服。不论是玩耍的时候还是做功课的时候,乐乐总是喜欢把身上的衣服含在嘴里咬着。乐乐的妈妈和老师每天都要给乐乐换上好几次衣服,因为乐乐的衣服总是会被他咬得湿湿的。

球球是个五年级的学生,在特殊学校上学。他很小就被诊断为自闭症,球球的爷爷是医生,所以很早就开始对球球进行行为干预。球球的进步很大,但是球球有个特殊的喜好,就是喜欢摆弄吸管。球球喜欢把吸管放在嘴里咬着,折成不同的形状。

刻板行为的原因

大伟、乐乐和球球都是星星的孩子,与很多星星的孩子一样,他们都有着独特的刻板行为。刻板行为可以有很多不同的形式，可以是动作的，例如拍手、蹦跳、攀爬、转圈；可以是声音的，比如发出不同的声音、重复别人说的话、背诵电视节目的对话；也可以是针对某些物件的某种活动，比如把玩具都排成队、把东西放到格子里。无论是哪种形式的刻板行为，这些行为通常都难以消除。为什么呢？无论是什么行为都有它的独特功能，而某种行为之所以一直出现是因为它的强化物一直在对这个行为进行强化。那么刻板行为的强化物是什么？如果我们可以中断刻板行为的强化物，是否就可以中断刻板行为了呢？刻板行为的强化物通常都不是某种实物，例如感官触觉强化物，就好像我们喜欢坐在摇椅上摇来摇去，这种感官的强化物让我们不停地摇着。很多刻板行为的强化物是自动强化物，也就是说其强化物产生于行为本身，不需要通过其他人或者外界环境来获得。因此要终止刻板行为的强化物相对比较困难。

行为的多样性

刻板行为一定要消除吗？未必见得。其实每个人都会时不时发出一些刻板行为，而我们常常并不觉察。试想你是否也有下面的行为：坐在摇椅上摇来摇去，说话或者听话时无意识地摆弄头发，坐在椅子里不停地跺脚，听课或者开会的时候转笔。我们好像从未想过要终止这些行为，那么我们为什么一定要消除孩子的刻板行为呢？有些刻板行为，如同上述的行为,对于日常生活并无大碍,而有些刻板行为对于孩子来说,则是他们应对生活的小技巧,可以帮助他们平复情绪,实现自我调节。当然有些刻板行为会给孩子的日常生活社交带来很多不便,那么我们就要通过以下两种主要的方法来帮助他们:(1)教会孩子刻板行为要区分场合;(2)教授孩子其他的行为来替代刻板行为。

如何教会孩子区分场合?

孩子的有些刻板行为对于他们的自我调节起到一定的作用,这些行为并不影响他们的日常生活,只是在公众场合会显得格格不入。那么对于这些行为来说,教会孩子在合适的场合做出这些行为比完全去除这些行为更有实际意义。

社交故事

社交故事是一个个简短的小故事,故事里包含了某个特定的场景、事件或者活动。家长和老师们通过对于场景、事件、活动的详细具体的描述,来帮助孩子熟悉在这些情况下会发生什么事情,该如何管理自己的行为。社交故事使用图文并茂的方式帮助孩子熟悉原本陌生的社交场景和活动,对于星星的孩子来说,这些图片可以帮助他们更好地理解和学习新的社交情景。社交故事因人而异，家长和老师可以自行为孩子们量身定做针对某些行为的社交故事。那么具体应如何制作社交故事呢？

（1）首先我们要明确目标。我们要制作的这个社交故事要教会或者解决的目标行为是什么呢？比如，我们要教会孩子在小组或者全班教学的时候，或者别人在讲话的时候不要做出刻板行为。

（2）确定了目标之后，我们要分析孩子需要哪些信息来实现这一目标。比如，在小组教学的时候做出带有声音的刻板行为会影响老师和其他小朋友。而不做出带有声音的刻板行为是帮助老师和其他小朋友的做法。

（3）这个阶段我们要充分采集孩子的信息，比如年龄、兴趣、注意力的长短，以及他/她的听话和说话能力。同时我们还要收集关于社交故事情境的信息，例如，社交故事发生的地点、人物、如何开始和结束、事件有多长、故事的具体情节和原因等。

（4）在我们有了足够的信息后，就可以开始编写故事了。我们在故事的撰写过程中要使用下面的一些语句类型。

描述句：我们使用描述句式来表述故事发生的时间、地点、人物，事情的起因、经过、结果。在使用描述句讲述社交故事时，要保证故事的准确性和客观性。例如，大多数小朋友都上学，在学校老师教我们学习新的知识。因为好多小朋友要学习一样的知识，所以老师把他们放在同一组里一起教。

论述句：我们使用论述句来表达别人的观点、感觉、想法。例如，老师在教一群小朋友新知识的时候喜欢小朋友们都保持安静。

指令句：在社交故事中可以加入指令句并加入合适的反应行为来帮助孩子了解什么行为在故事的情境中是合适的。例如当我要做出带有声音的刻板行为时，我可以戴上耳机听音乐。在这里，我们要避免使用"必须"等强制性的词汇。

强调句：在上述几种句式后，我们可以添加强调句来加强前面句式所传达的信息。例如在老师上课时保持安静，这是非常重要的。

合作句：我们还可以在社交故事中加入一些句子来描述他人如何在这些情境中帮助孩子。例如，老师会帮助我在课堂上保持安静。

小贴士：

1. 对于有读写能力的自闭症儿童，家长们可以邀请他们一起来撰写社交故事，让孩子们掌控自己的行为。同时，我们可以加入一些不完整的句子，让孩子来猜想下面会发生什么，应该有怎样的行为，并将这些句子补充完整。

2. 社交故事和其他的故事一样要有起因、经过、结果，并应该使用积极向上的语言。要告诉孩子在故事的情境下应该如何表现。

3. 尽管是故事，我们还是要尽量保证故事情节的准确性，多使用灵活性的词语。

4. 社交故事是写给孩子们的，因此我们要注意用词，造句要适合孩子的语言水平和兴趣。不要给孩子带来不必要的困扰。

5. 如果社交故事是写给年龄较小的孩子，我们应该在故事中使用第一人称"我"来讲述故事。

6. 使用合适的图片来帮助孩子理解故事的内容。家长们可以在不同的情境下给孩子拍照，或者录像，并加入到社交故事中。

7. 家长们可以和孩子一起排练演出社交故事的情节。这样有助于孩子真正地理解社交故事中传递的信息，并且按照社交故事中讲述的去做。

替代行为

有些刻板行为的存在严重影响了小朋友的日常生活甚至对身体造成伤害。例如，有的小朋友会用头不断撞墙或者撞桌子。这种行为对小朋友的身体会造成伤害，如果发生的频率高强度大，那么这一行为是一定要被消除的。然而如果撞头这一行为的强化物是自动强化物（例如：感官强化物），那么消除这一行为是很困难的，家长和老师可以做的是区别性地强化另一个可以代替撞头行为的行为。例如强化小朋友双手抱头的行为,甚至可以强化小朋友撞靠背或者枕头的行为。与头撞墙相比,这些行为就都是可以接受的替代行为。在开始时家长和老师们可以提示或者帮助小朋友做出目标替代行为,逐渐地强化替代行为,直至要消除的行为不再发生。

功能性语言交流

有些刻板行为的出现是因为孩子有意逃避某些活动。例如,菲菲一碰到难题的时候就开始不断地拍手,那么拍手这一刻板行为实际上是菲菲逃避难题的表现。在这种情况下,我们可以教菲菲说"太难了,我需要帮助",同时对她的请求做出应答并提供帮助。很多时候,小朋友的刻板行为是自我情感的表达,因此,帮助孩子用语言或者图示来表达自己的情感,也可以有效地消除刻板行为。

扩展儿童的强化物群

家长和老师会发现,当孩子们专注于某一活动的时候,刻板行为的发生频率较低,而在他们无所事事的时候,刻板行为的发生频率较高。也就是,很多刻板行为的出现是由于孩子们不会玩,无法在自己所处的环境中找到合适的强化物。家长们经常面临的挑战是孩子们感兴趣的活动相对较少，他们专注于有限的几种活动。即使在玩玩具的时候，很多星星的孩子只是把玩具排成队、连成线，而不是像其他孩子一样享受游戏本身的乐趣。要解决这个问题，我们要扩大孩子的强化物群，也就是让他们对更多的活动感兴趣，并且加强孩子们玩的能力。家长们可以参照前面章节中我们介绍的方法来教孩子们学会最基本的玩的技能。除此之外，家长和老师可以尝试将原本中性的活动和已知的强化物，例如妈妈的称赞、爱抚、微笑，或者孩子喜欢的零食、玩具等配对，从而使这些活动也获得强化作用。很多时候，哪怕是陪着孩子一起看书、搭积木、玩拼图，并且有规律地称赞孩子，帮助孩子参与到这些活动中，都会帮助孩子扩展他们的强化物群。一旦有了多样化的强化物，孩子的刻板行为自然也就会减少了。

我们再来看看大伟的例子。

大伟虽然喜欢做出一些刻板行为，但是我们发现他的刻板行为多发生于大伟自由活动的时候。由于不会玩，大伟在自由活动时间做出刻板行为来满足自己的需求，因为刻板行为让大伟觉得开心放松。找到大伟刻板行为的原因和功能后，我们开始教大伟各种玩的技能，包括搭积木、做拼图、玩橡皮泥、涂鸦等等。开始的时候大伟需要老师手把手地示范，慢慢地大伟可以模仿老师的动作，几周之后，大伟已可以自己玩一些简单的积木和拼图，再配上老师的称赞，大伟甚至可以独自玩玩具了。在大伟学会了独自玩耍后，我们再次检测他的刻板行为，发现他的刻板行为频率大大下降。也就说当孩子们找到了更好的强化物的时候，刻板行为所带来的满足得到了替代，刻板行为也就自然而然地消失了。

提供转移注意力的指令

除了上述的干预方法，家长们还可以通过给孩子一些简单的指令来转移他们的注意力，而使他们不再专注于刻板行为。试想一下当我们毫无意识地转笔或摆弄头发的时候，如果旁人提示我们而让我们注意到此刻的行为，通常我们会有意识地终止刻板行为。同样的道理，很多时候要终止孩子的刻板行为只需要给他们一个提示，例如当大伟不停地拍手的时候，大伟的妈妈可以给他一个指令："大伟，帮妈妈拿个苹果。"又例如，当乐乐咬衣服的时候，妈妈可以让乐乐唱儿歌，或者做简单的仿说。由于唱歌、仿说和咬衣服不能同时进行，所以可以有效地帮助乐乐转移注意力而参与到其他的活动中。

小贴士：
-减少或者终止刻板行为的关键是确定行为的功能和强化物。

-针对行为的功能、发生的场所,以及维持行为的强化物来确定干预方法。

-不是所有的刻板行为都是一定要彻底消除的。有些刻板行为是孩子自我调节机制的一部分。

量身打造个性化教学方案

如果你见过一个患自闭症的孩子,那么你只见过一个患自闭症的孩子。

——Dr. Stephen Shore

Dr. Stephen Shore 的这句话准确地指出了自闭症儿童的个性化。每个星星的孩子都是不一样的,如果一种干预方法或者教学方案对一个孩子起到了良好的作用,并不代表把它用在其他孩子身上也一样有效。**因此,在对星星的孩子的教学中,我们强调教育教学方案的个性化。**目前我国特殊教育发展还在起步阶段,我们先来看看在美国对于个性化教学方案制定的要求。

在美国,早期干预和学龄教育是分开的。以纽约为例,早期干预阶段归属于卫生部管辖,老师和家长们一起制定个性化家庭服务方案,即 IFSP。3 岁以后,孩子们开始学龄前教育,这个阶段开始属于教育部管辖，由孩子所属学区的代表和家长、老师一起组成委员会为孩子制定个性化教学方案，也就是我们常说的 IEP。由于 IFSP 是针对早期干预的方案，因此其中教学目标是由家长提出，然后由老师按照孩子的水平进行必要的修改。早期干预阶段，每个月都会召开家长会，家长和老师们会讨论孩子近期的进展，以及家长们在家中遇到的问题。

相对于个性化家庭服务方案来说，个性化教学方案对于孩子教育教学的影响更大。IEP 的制定需要多方的努力和合作，孩子的学区代表、儿科医生和心理学家做出的评估，老师和治疗师的学期报告，家长的反馈等等都要纳入其中。一份完整的 IEP 包含下述内容：（1）孩子各个方面的测评报告，例如语言发展、心理调适、智商评估、运动系统、社交情感调控、学习评估等；（2）由家长、老师、学区代表共同拟定的学习目标；（3）由个性化教学方案委员会最终决定的能够满足孩子需求的学校、班级，以及孩子所需的行为干预、语言干预、运动系统干预、心理辅导、家长培训的时间和频率。

IEP 中的各个项目对于孩子未来一年的学习和发展起到指导性的作用。老师和家长在学期目标制定方面起到至关重要的作用。那么如何制定适合孩子的学期目标呢？

我的孩子会什么，不会什么？

要回答这个问题，我们需要使用 VB-Mapp[①]，或者 C-PIRK[②]，即学龄前儿童行为库，来对孩子的行为进行评估。儿科医生和儿童心理学家给出的评估报告可以告诉家长，与同龄的正常发育的儿童相比，孩子的发育处于怎样的位置，但是对于教学和干预并没有实际的意义。VB-Mapp 和 C-PIRK 评估可以告诉我们孩子到底会什么，不会什么，老师和家长们根据测评结果可以准确地了解孩子的行为库。

与同龄人的行为库相比，我的孩子缺少了哪些行为？

在制定学期目标的时候，我们一定要考虑到孩子的年龄，而我们所制定的目标一定要与孩子的年龄相符。曾经有位家长给他 3 岁的自闭症儿子制定了如下的目标：在本学年，豆豆可以独立写自己的全名。可是大多数正常发育的儿童在 3 岁的时候还在学习如何正确地拿笔、写字母。豆豆家长制定的目标对于孩子的年龄来说显然并不合适。

---

① Sunberg, M. L., (2008) Verbal behavior milestones assessment and placement programs: The VB-MAPP. Concord, CA: AVB Press.
② Greer, R. D. (2014). Preschool Inventory of Repertoires for Kindergarten.

我的孩子准备好了吗?

无论家长们给孩子制定的目标是什么,我们都要先问问自己,孩子准备好了吗?孩子学会了必要的基础行为了吗?如果没有,我们要先将必要的基础行为设为目标,然后再攻克更复杂的行为。薇薇的家长曾经给3岁半的薇薇制定了这样的目标:主动和同龄的孩子玩耍。可是当其他小朋友和薇薇一起玩的时候,薇薇甚至没有注意到他们的存在。也就是说薇薇缺少和同龄孩子一起玩耍的基本条件。所有自闭症儿童的家长们都希望自己的孩子能和其他孩子一样,跟他们一起玩。要实现这一目标,我们要先教会孩子基本的技能,引发他们对其他小朋友的兴趣,一步一步地向最终目标努力。

我的孩子可以做得更好吗?

有时候我们对星星的孩子的期望过高,而有些时候我们低估了他们的潜能。因此在制定 IEP 的时候我们不仅要问孩子准备好了吗,还要问孩子可以做得更好吗。如果孩子可以学会使用有声语言来交流,那么把目标定为图片交流或者手势交流是不适合的。如果孩子可以独自吃饭,那么把目标定为在成人的提示下吃饭也是不适合的。很多时候,孩子可以做得更好,只是我们低估了他们的能力。

IEP 的学期目标包括哪些领域?

在美国,IEP 制定的目标分为以下的几大类:学习能力、语言能力(包括说话、听话能力)、阅读能力、数学能力、书写能力、社交情感、运动系统、生活自理。当然,由于每个孩子情况不同,我们在制定目标的时候可以偏重某些急需改善的类别。例如,很多星星的孩子有超常的记忆力或者数学能力,但是少有语言或者社交行为,那么在制定目标的时候我们可以侧重语言和社交情感方面。家长们一定要记住,我们最终的目标是让星星的孩子们可以独立自主开心地生活。所以一味地强调学术方面的目标而忽略社交、语言、生活自理方面的目标,长远看来是有很多弊端的。

长期目标和短期目标

由于 IEP 是每年制定一次,因此,我们在确定学期目标的时候应该同时确定长期目标和短期目标。我们通常预计长期目标可以在 IEP 周期结束之前实现,但是在实现长期目标的过程中,孩子们通常要先实现一些小的目标以达到最终的目标。因此,我们可以将这些小目标制定为短期目标,并在 IEP 上明确标出预计达标的时间和标准。这样一来即使孩子在年终没有完成长期目标,我们还是可以针对短期目标的完成情况来调整下一年的学期目标。另外，家长们要注意在制定长期目标的时候切不可以过量。如果每个领域都涉及，那么每个领域 1—2 个长期目标为宜。目标过多容易会给老师的教学带来很大的难度，导致很多重要的长期目标无法实现。

小贴士：

1. 虽然 IEP 是每年更新一次，但是如果家长们发现孩子没有明显的进步，甚至有无故退化的情况，可以随时要求儿科医生、心理学家以及治疗师重新做测评，制定新的 IEP，调整干预方案。

2. 在 IEP 的执行过程中，如果家长或老师发现所制定的目标并不合适，那么也可以对目标进行调整。

3. 家长们在 IEP 的制定中扮演着非常重要的角色。家长常常是最了解自己孩子的人，而孩子也往往是和家长在一起的时间最长。虽然治疗师、儿科医生、心理学家是专业人士，可是他们看到的只是孩子的一面。我们常常发现孩子们在学校和在家里判若两人。因此老师看到的孩子和家长看到的孩子在很多方面可能差别很大。家长在制定 IEP 的过程中一定要将你们看到的孩子呈现出来，这样制定的教学干预方案才会更完整更有效。

图 11　IEP 团队示意图